AF590733

GÉOGRAPHIE

DE L'ASIE

DE L'AFRIQUE, DE L'AMÉRIQUE ET DE L'OCÉANIE

COURS COMPLET DE GÉOGRAPHIE
À L'USAGE
DES ÉTABLISSEMENTS D'ENSEIGNEMENT SECONDAIRE

GÉOGRAPHIE
DE L'ASIE
DE L'AFRIQUE, DE L'AMÉRIQUE ET DE L'OCÉANIE

PAR

M. H. PIGEONNEAU

DOCTEUR ÈS LETTRES, PROFESSEUR D'HISTOIRE AU LYCÉE LOUIS-LE-GRAND
MEMBRE DE LA SOCIÉTÉ DE GÉOGRAPHIE

Ouvrage rédigé conformément aux programmes officiels et contenant 14 cartes et 40 figures intercalées dans le texte

CLASSE DE SIXIÈME

DEUXIÈME ÉDITION

PARIS
LIBRAIRIE CLASSIQUE D'EUGÈNE BELIN
RUE DE VAUGIRARD, N° 52

1880

Tout exemplaire de cet ouvrage non revêtu de ma griffe sera réputé contrefait.

Eug. Belin

SAINT-CLOUD. — IMPRIMERIE DE Mme Ve EUG. BELIN.

CLASSE DE SIXIÈME

GÉOGRAPHIE

DE L'ASIE

DE L'AFRIQUE, DE L'AMÉRIQUE ET DE L'OCÉANIE

LIVRE PREMIER

NOTIONS GÉNÉRALES

CHAPITRE PREMIER

LES GLOBES ET LES CARTES. — NOTIONS SOMMAIRES DE GÉOGRAPHIE ASTRONOMIQUE.

I

Le mot *géographie* signifie description de la terre.

Pour bien décrire la terre et pour la connaître, au moins dans son ensemble, il ne suffit pas d'aligner dans un ordre quelconque les noms qu'il nous a plu de donner à telle ou telle rivière, à telle ou telle montagne et à tel ou tel pays, ou même d'animer par des détails plus étendus cette aride énumération. Une promenade de quelques heures ou un bon tableau nous en apprendront mille fois plus sur un paysage que la description la plus fidèle et la plus détaillée; le plan en relief d'une ville nous la fera beaucoup mieux connaître que le dictionnaire le plus complet de ses rues, de ses places et de ses monuments. Ce qui est vrai pour un coin de la terre ne l'est pas moins pour la terre tout entière. La géographie s'apprend par les yeux beaucoup plus que par les mots. Les globes terrestres et les cartes, qui sont à la terre ce que le tableau est au paysage, sont donc les auxiliaires indispensables de toute étude géographique, et les premières leçons de géographie doivent avoir pour but de montrer à quoi ils servent et d'apprendre à les consulter.

Forme de la terre. Les globes. — La terre a la forme d'une boule ou d'une sphère mesurant 40,000 kilomètres de tour.

Il semble tout d'abord difficile d'admettre la rotondité de la terre : quand on se trouve dans une plaine, la surface du sol paraît à peu près droite ; dans un pays de montagnes, elle se brise en lignes tortueuses, se creuse en replis plus ou moins profonds, se redresse en saillies plus moins escarpées ; rarement elle paraît former une ligne courbe : mais il ne faut pas oublier qu'un cercle qui ferait le tour du globe aurait 40,000 kilomètres de circonférence. Une fraction insignifiante de cette immense ligne courbe, 7 ou 8 kilomètres, par exemple, diffère donc bien peu d'un ligne droite.

Il est possible du reste, avec quelque esprit d'observation, de se rendre compte par soi-même de la rotondité du globe. Quand on découvre de loin, dans une vaste plaine, un édifice élevé, ou qu'on rencontre un navire en mer, on aperçoit le

Fig. 1. — Courbure de la terre.

sommet du monument avant d'en voir le pied, les mâts et les voiles du vaisseau avant d'en distinguer la coque. Ce fait ne peut s'expliquer que par la courbure de la terre ; car, sur une surface plate, on apercevrait en même temps toutes les parties de l'édifice ou du navire. Enfin les voyages autour du monde ont fourni une démonstration plus évidente encore. En partant d'un point quelconque de la surface terrestre et en marchant toujours dans la même direction on finit par revenir au point de départ. La terre est donc une sphère (1), et les globes terrestres en reproduisent exactement la forme, mais dans des proportions très-réduites, puisqu'un globe de 4 mètres de tour ne représenterait que la deux cent cinquante millionième partie du volume de la terre.

(1) Cette sphéricité n'est pas parfaite. La terre est légèrement aplatie aux deux pôles, et légèrement renflée à l'équateur.

Les cartes planes. — Toutefois, les globes sont des instruments coûteux, difficiles à manier, et dont les dimensions ne permettent pas de donner assez de développement à la géographie particulière des diverses contrées ; aussi, pour toute étude de détail, est-il nécessaire de les remplacer par des cartes planes.

Ces cartes sont moins chères et plus commodes pour l'étude : on peut en varier à l'infini les dimensions et l'*échelle* (1), c'est-à dire le rapport qui existe entre les longueurs mesurées sur le terrain et ces mêmes longueurs reportées sur la carte; mais elles ont aussi leurs inconvénients. Elles ne sauraient reproduire exactement la forme et les proportions véritables du globe ou de ses parties ; en effet, il est impossible d'appliquer une surface sphérique sur une surface plane, sans la déchirer et sans lui faire subir des altérations. La science est arrivée, il est vrai, par des procédés qui ne sont pas du domaine de l'enseignement élémentaire, à compenser ou à atténuer ces déformations, mais sans les supprimer complétement. Un autre inconvénient des cartes planes, c'est de ne pouvoir représenter le relief du sol que par des signes convenus qui n'en donnent pas toujours une idée très-nette.

Les cartes en relief. — Voilà pourquoi on a construit des cartes en relief qui reproduisent les montagnes, les plateaux et les vallées tels que nous les voyons dans la nature; mais, le relief est presque toujours exagéré, car, sur un globe de 4 mètres de tour, les plus hautes montagnes, celles qui dépassent 8000 mètres, seraient représentées, en conservant les proportions réelles, par un grain de poussière épais d'un demimillimètre et sur une carte en relief de la France à l'échelle du huit cent millième (un mètre pour 800 kilomètres), le mont Blanc n'aurait que six millimètres de haut.

Construction des cartes. — La construction des cartes exige l'emploi de procédés et d'instruments, dont la mise en œuvre suppose des connaissances spéciales; cependant on peut la réduire à une méthode élémentaire et facile à comprendre. Supposons qu'on veuille lever le plan (2), ou, ce qui

(1) — *Exemple.* Dans une carte à l'échelle du deux cent-millième une longueur de 200 kilomètres, prise sur le terrain, sera représentée sur la carte par une longueur d'un mètre.

(2) On donne le nom de plan à des cartes très-détaillées et dressées à une très-grande échelle.

revient au même, tracer la carte d'un village. On commen-cera par choisir un point central, l'église, la mairie ou tou

Plan à l'échelle du dix millième. — (1 centimètre pour 100 mètres.) (1)

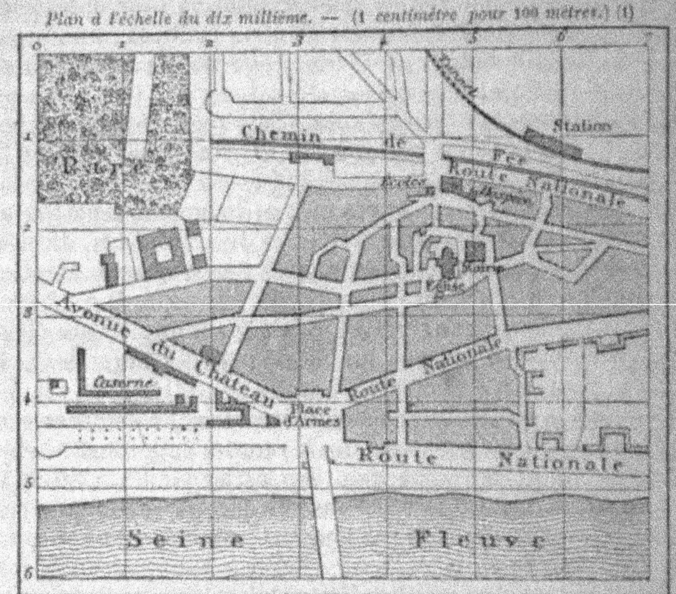

Carte à l'Échelle du quarante millième (2 millimètres et demi pour 100 m.)

Carte à l'Échelle du deux cent quatre-vingt millième (3 dixièmes et demi de millimètre pour 100 m.)

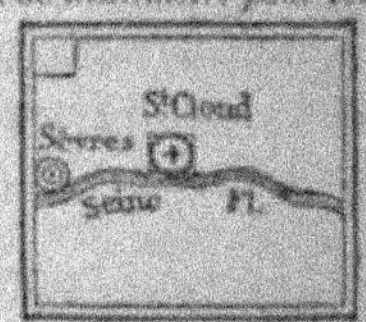

Carte I.

(1) Ce plan est celui de la petite ville de Saint-Cloud (département de Seine-et-Oise) telle qu'elle existait avant d'avoir été brûlée par les Prussiens du 5me corps, du 26 au 30 janvier 1871.

autre, on mesurera exactement la superficie qu'occupe l'édifice et on la reportera sur la carte, en la réduisant au millième, au deux millième, etc., suivant l'échelle qu'on aura choisie. Autour de ce point central, on groupera peu à peu les autres édifices, les rues, les places, les routes, les cours d'eau, s'il y a lieu, en ayant soin d'observer exactement les mêmes proportions, et d'indiquer avec non moins de scrupule la direction des rues, ou des routes, et la situation des édifices, par rapport au point central une fois déterminé.

Si l'échelle était plus petite, au quarante ou cinquante millième, au lieu de dessiner la forme de l'édifice, on ne pourrait plus l'indiquer que par un point, qui en marquerait l'emplacement sans en reproduire les contours; et à l'échelle d'un trois cent-millième, le village lui-même ne serait plus qu'un point par rapport à l'ensemble de la carte (*Voir la carte* I, plan de St-Cloud).

L'opération que nous venons de décrire présenterait de graves difficultés et peu de chances d'exactitude si on se bornait, comme nous l'avons supposé, à prendre pour base un point unique auquel on serait obligé de rapporter toutes les mesures, et les embarras grandiraient en proportion de l'espace qu'on essaierait de reproduire. On diminuerait de beaucoup les chances d'erreur en traçant d'avance une sorte de canevas, en divisant par exemple, le terrain au moyen de jalons plantés de distance en distance et dessinant des lignes droites qui se couperaient comme les cases d'un damier, et que l'on reproduirait sur le papier à une échelle réduite. On multiplierait ainsi les points de repère et on rendrait le travail à la fois plus facile et plus exact.

Les cercles géographiques. Leur origine. — Tel est l'usage des lignes droites ou courbes que nous voyons tracées sur tous les globes et sur toutes les cartes et que nous chercherions vainement dans la nature, mais qui servent, pour ainsi dire, de jalons et qui dessinent le canevas d'après lequel on groupe dans leur situation réelle les divers points de la surface terrestre. Ces lignes ont été déterminées avec l'aide d'une science intimement unie à la géographie, l'*astronomie*, qui s'occupe du mouvement des astres, c'est-à-dire des étoiles, du soleil, de la lune, de la terre et des autres planètes.

II

Mouvements vrais de la terre. Rotation et translation (déplacement). — Les anciens croyaient la terre immobile au centre de l'univers, qu'ils se représentaient comme une immense sphère creuse entraînant dans son mouvement de rotation le soleil, les étoiles et les autres corps lumineux, destinés à éclairer notre globe. Ce que nous appelons le ciel, c'est-à-dire l'espace infini où se meuvent les astres, n'est pas une sphère : la terre n'en occupe pas le centre : enfin, elle n'est pas immobile comme se le figuraient les anciens. Suspendue dans l'espace, sans point d'appui, comme la lune, le soleil et les étoiles, elle tourne sur elle-même en vingt-quatre heures. En même temps qu'elle accomplit ce mouvement de *rotation*, elle se déplace dans le ciel et décrit autour du soleil une immense ligne courbe qui diffère peu d'un cercle, bien qu'elle soit un peu plus allongée ; on l'appelle *écliptique* ou *orbite terrestre*. Il faut à la terre un peu plus de 365 jours, c'est-à-dire une année, pour parcourir l'orbite entière et pour revenir à son point de départ, et, cependant elle marche avec une vitesse de 30 kilomètres par seconde, soixante fois plus vite qu'un boulet de canon !

Fig. II. — La terre éclairée par le soleil.

La lune. Jours. Mois. Saisons. — La terre et les autres corps célestes qui tournent autour du soleil dont le volume est 1,280,000 fois plus considérable que celui de notre globe, sont les *satellites* de cet astre. La terre a aussi un satellite, la *lune*, qui tourne autour d'elle en trente jours moins quelques heures.

Le mouvement de rotation de la terre en 24 heures, détermine les jours et les nuits, suivant qu'elle présente aux rayons solaires l'une ou l'autre de ses faces : les différentes positions qu'elle occupe par rapport au soleil dans sa course annuelle autour de cet astre déterminent les saisons : enfin la révolution de la lune autour de la terre a servi à mesurer les mois.

Mouvements apparents du soleil. — Il y a à peine deux siècles et demi que le grand astronome Galilée a démontré d'une manière complète les vrais mouvements de la terre inconnus ou contestés jusqu'alors. Les apparences sont en effet contraires à la réalité. Quand on s'en rapporte seulement au témoignage des yeux, il semble que le soleil et les étoiles tournent en 24 heures, d'orient en occident, autour de la terre qui parait immobile, et que le soleil se déplace en outre sur la sphère céleste dont il n'occupe pas toujours le même point. Voilà pourquoi l'antiquité et le moyen âge ignorant ce que la science moderne est parvenue à découvrir, ont adopté ces expressions que nous employons encore : la marche du soleil, le coucher et le lever des astres. Cette illusion est due aux véritables mouvements de la terre qui s'opèrent d'occident en orient, dans le sens opposé à celui de la marche apparente des astres.

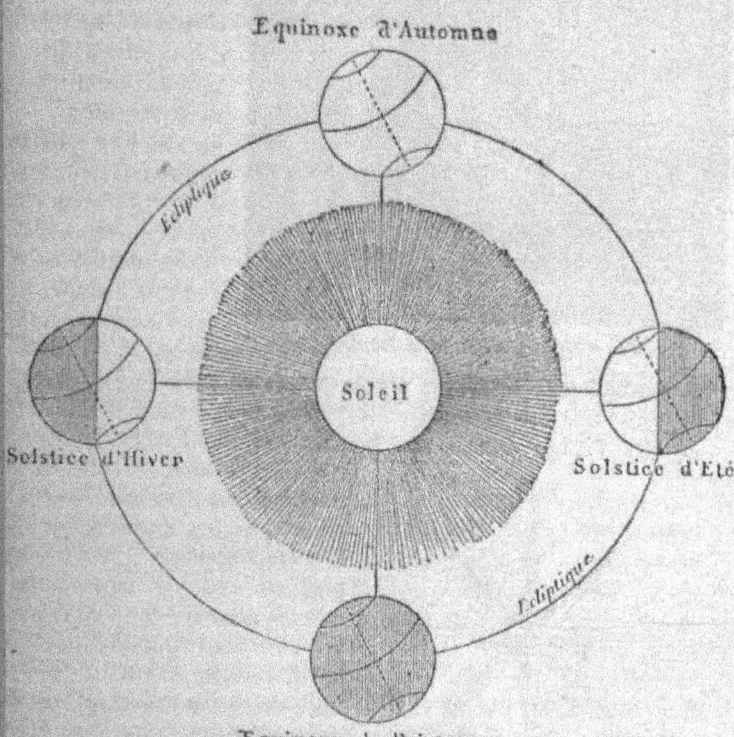

Fig. III. — Orbite terrestre. — (On n'a pas observé dans cette figure les proportions réelles de la distance de la terre au soleil, ni celles de la grosseur du soleil qui est 1,280,000 fois plus gros que la terre).

A l'exception des corps célestes que l'on appelle *planètes* et qui se déplacent comme la terre, les étoiles et le soleil restent toujours au même point du ciel et ne se lèvent ni ne se couchent. L'homme entraîné dans la marche de la terre ressemble au voyageur emporté par un bateau à vapeur sur une rivière tranquille : le bateau, c'est la terre : la rivière, c'est l'orbite qu'elle décrit dans le ciel ; les arbres et les maisons qui paraissent s'enfuir dans le sens opposé à la marche du navire, ce sont les étoiles et le soleil devant lesquels nous passons et qui nous semblent passer devant nous.

Axe de la terre. Pôles. — Le mouvement de rotation de la terre sur elle-même paraît s'opérer autour d'une ligne immobile qui la traverserait en passant par son centre : on a donné à cette ligne imaginaire le nom d'*axe* ou pivot de la terre, à ses deux extrémités, celui de *pôles*. L'un a

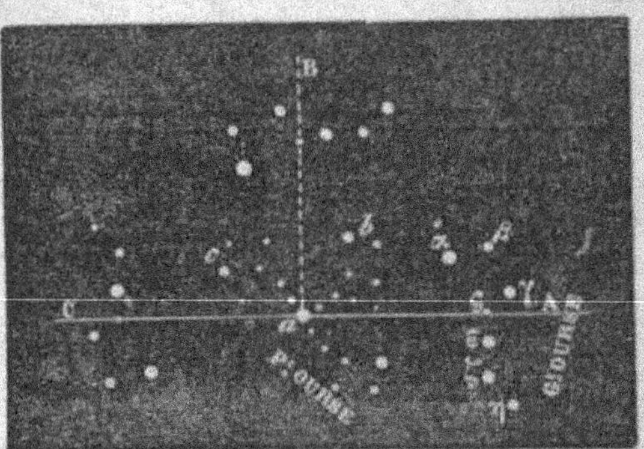

Fig. IV. — Constellation de la Grande-Ourse.

été nommé pôle *arctique*, parce que si on prolongeait dans l'espace l'axe terrestre, il irait passer non loin d'une étoile toujours visible dans notre hémisphère qui a reçu le nom d'étoile polaire, et qui fait partie d'une constellation appelée par les anciens Grecs *arctos* (petite Ourse). On l'appelle aussi pôle *boréal* du nom que les anciens donnaient au vent du nord (Borée), ou pôle *nord*. Le pôle opposé porte le nom de pôle *antarctique*, pôle *austral* (Auster, vent du sud), ou pôle *sud* (*Voir la figure* 7).

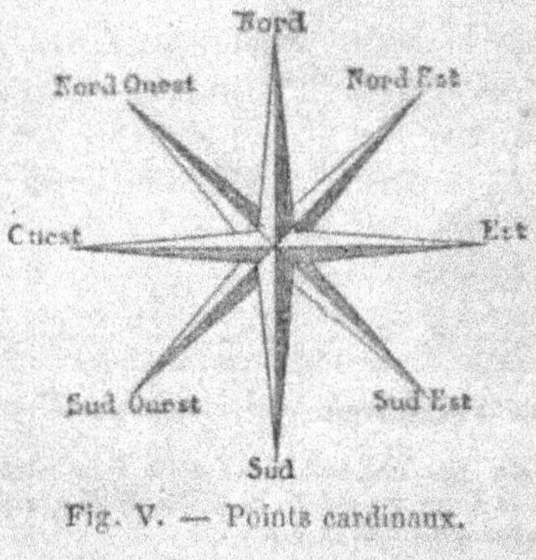

Nord
Nord Ouest
Nord Est
Ouest
Est
Sud Ouest
Sud Est
Sud

Fig. V. — Points cardinaux.

Points cardinaux. — Le point de l'horizon (1) qui correspond au pôle arctique s'appelle le *nord* ou *septentrion*, celui qui correspond au pôle opposé, le *sud* ou le *midi*. Quand

(1) On appelle horizon d'un lieu le grand cercle qui semble former la ligne de séparation entre le ciel et la terre et qui borne la vue de l'observateur, en supposant qu'elle ne rencontre pas d'obstacles, quand il se tourne successivement vers les quatre points cardinaux.

un observateur tourne le dos au pôle sud et regarde le pôle nord, le côté où les astres paraissent se lever est à sa droite, celui où ils paraissent se coucher est à sa gauche : ces deux derniers points ont reçu le nom d'*est* ou *orient* (levant) et d'*ouest* ou *occident* (couchant). Tels sont les quatre points *cardinaux* ou fondamentaux.

Entre les quatre points cardinaux on peut en imaginer une foule d'autres intermédiaires, tels que le sud-ouest entre le sud et l'ouest, le sud-est entre le sud et l'est, le nord-est, le nord-ouest, le nord-nord-ouest, etc.....

Détermination des points cardinaux. — La boussole. — Pour déterminer sur le terrain le nord et, par conséquent, les autres points cardinaux, il est facile de s'orienter pendant le jour d'après le point où le soleil se lève et celui où il se couche, pendant la nuit d'après les deux constellations appelées *grande Ourse* et *petite Ourse* qui aideront à trouver l'étoile polaire, reconnaissable à son éclat et située à peu de distance de la dernière étoile de la queue de la petite Ourse.

Fig. VI. — Boussole marine.

Si le ciel est couvert, on sera obligé de recourir à la *boussole*, aiguille aimantée, suspendue sur un pivot et qui dirige toujours une de ses pointes vers le nord. Toutefois la boussole subit des déviations variables avec les temps et les lieux, et connues sous le nom de *déclinaison*. Il peut donc se faire qu'au lieu d'indiquer exactement le nord la pointe se détourne plus ou moins à l'ouest ou à l'est. Outre les oscillations régulières, la boussole éprouve des variations accidentelles qui se produisent brusquement et qui tiennent à certaines perturbations du sol ou de l'atmosphère (éruptions volcaniques, orages) et à d'autres causes encore mal définies.

III

Les méridiens. — L'axe de la terre et les pôles une fois déterminés, supposons que la masse du globe se compose d'une matière molle, comme du beurre ou du mastic : choisissons une surface mince et plane, une lame de verre, par exemple, ou une feuille de métal et faisons-la pénétrer dans l'intérieur du globe, de manière à ce qu'elle le coupe en passant par les deux pôles : cette lame tracera à la surface un grand cercle qui aura pour centre le centre même de la sphère. Comme on peut varier à l'infini la position de la surface pénétrante on obtiendra un nombre illimité de grands cercles égaux, faisant le tour de la sphère, passant par les deux pôles et se coupant tous suivant une ligne verticale (1) qui n'est autre que l'axe du globe. Les côtes d'un melon ou celles d'une orange peuvent donner une idée de cette disposition (*Voir la figure* 7).

On a donné à ces grands cercles le nom de *méridiens* c'est-à-dire lignes de *midi*. En effet, grâce à la rotation de la terre qui, en 24 heures, présente successivement aux rayons du soleil toutes les parties de sa surface, il est midi ou minuit au même instant pour tous les points situés sur un même cercle, midi pour ceux qui appartiennent à la moitié qu'éclaire le soleil, minuit pour celle qui est plongée dans l'ombre. C'est donc en observant le mouvement de rotation de la terre sur elle-même qu'on a déterminé la situation des deux pôles, celle des points cardinaux, et le tracé des méridiens.

L'équateur. Les équinoxes. — C'est par des observations analogues faites sur le mouvement de déplacement ou de translation de la terre autour du soleil qu'on a été conduit à tracer d'autres lignes qui viennent couper les premières et qui complètent le canevas de la carte du globe. On a remarqué que l'axe de la terre est incliné par rapport à l'orbite terrestre. Si l'axe de notre globe ne penchait ni à droite ni à gauche, la durée des jours égalerait celle des nuits pendant toute l'année, il n'y aurait pas de saisons et le soleil enverrait toujours à chaque partie du globe la même quantité de lumière et de chaleur. C'est l'inclinaison de l'axe terrestre qui produit l'inégalité des jours et des nuits et la variété des saisons. Deux fois seulement en une année, au moment où le soleil paraît passer dans le ciel à distance égale des deux pôles, la durée des jours est la même que celle des nuits dans toutes les parties de la terre. On a donné à ces deux points le nom d'*équinoxes* (moment où les nuits sont égales), et par les points qui correspondent sur la surface du globe à ceux que le soleil

(1) On appelle ligne *verticale* la ligne droite que suit un corps abandonné à lui-même et tombant à terre par l'effet de sa pesanteur.

occupe dans le ciel à cette époque de l'année, on a fait passer un grand cercle nommé *ligne équinoxiale* ou *équateur* (d'un

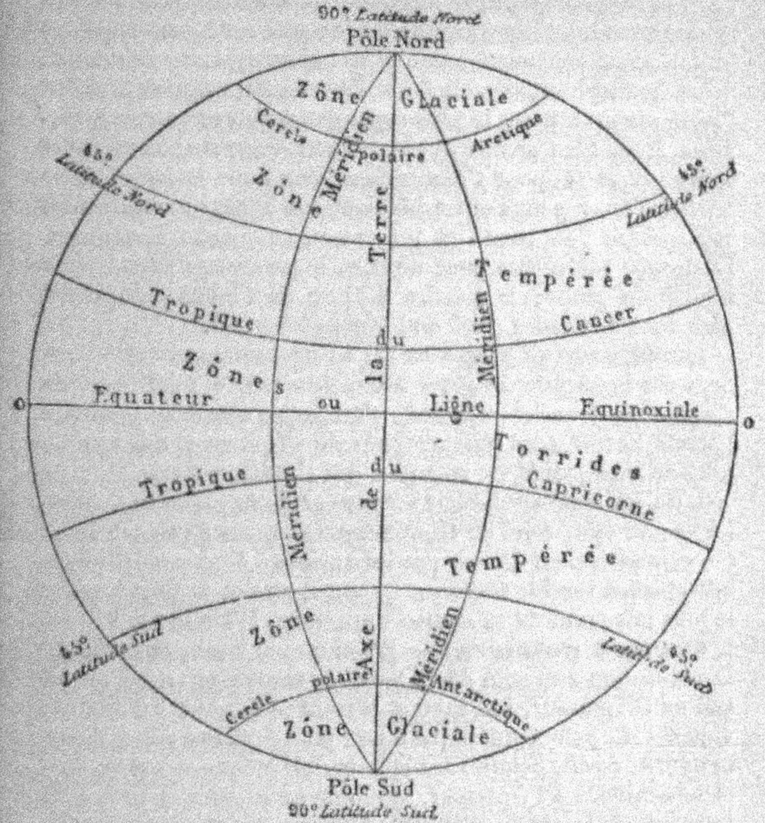

Fig. VII. — La sphère terrestre.

mot latin qui signifie égaliser). Ce grand cercle situé à distance égale des deux pôles coupe la terre par la moitié et la divise en deux *hémisphères* ou moitiés de sphère, l'un austral, l'autre boréal.

Les tropiques. Les solstices. — Grâce à l'inclinaison de l'axe et à l'angle que l'orbite terrestre fait avec l'équateur, le soleil paraît tour à tour monter vers le pôle nord et redescendre vers le pôle sud. Quand il semble passer au dessus de l'équateur, en venant de l'hémisphère austral et en se dirigeant vers l'hémisphère boréal, le printemps commence pour la région du nord, l'automne pour celle du midi, et les rayons solaires éclairent à la fois les deux pôles : c'est le moment de l'équinoxe du printemps. A mesure qu'il s'élève dans l'hémisphère boréal, les jours grandissent au pôle nord, tandis que les nuits s'accroissent au pôle sud, et la chaleur, qui augmente dans notre hémisphère, décroît dans l'hémisphère opposé. Quand l'astre atteint le point le plus septentrional de sa course apparente, il semble s'arrêter avant de revenir sur ses pas : c'est le *solstice d'été* (1) pour l'hémisphère que nous habitons et le *solstice d'hiver* pour l'autre hémisphère. Enfin quand il paraît redescendre vers le sud et traverser de nouveau l'équateur, l'automne commence pour nous et le printemps pour l'autre moitié du globe ; le solstice d'hiver de l'hémisphère nord sera donc le solstice d'été de l'hémisphère sud.

Les deux cercles parallèles (2) à l'équateur, qui correspondent sur la surface du globe aux points où le soleil semble s'arrêter dans le ciel (solstices), c'est-à-dire aux deux points de l'orbite terrestre les plus éloignés de l'équateur, ont reçu le nom de *tropiques* (d'un mot grec qui signifie *retour*).

L'un est situé au nord de l'équateur, le tropique du *Cancer*, l'autre au sud, celui du *Capricorne*. Ces noms de *Cancer* et de *Capricorne* étaient donnés par les anciens à deux constellations que le soleil semble traverser quand il atteint le plus haut et le plus bas point de sa course apparente. (*Voir la fig.* 7.)

Cercles polaires. — Selon que le soleil, par suite de la révolution annuelle de la terre, se trouve au nord ou au sud de l'Équateur, ses rayons cessent d'éclairer les régions voisines du pôle Antarctique ou du pôle Arctique ; on a donné le nom de *cercles polaires* arctique et antarctique aux deux cercles parallèles à l'équateur, qui marquent vers chaque pôle le point où le soleil est visible pendant vingt-quatre heures au solstice d'été, et invisible pendant vingt-quatre heures au solstice d'hiver (*Voir la fig.* 7.)

Zones. — « Les cercles polaires et les tropiques partagent la surface terrestre en cinq portions qu'on nomme » zones, c'est-à-dire *bandes* : celles qui sont renfermées dans

(1) *Solstice* signifie point d'arrêt du soleil. L'équinoxe du printemps tombe du 19 au 21 mars, l'équinoxe d'automne du 21 au 23 septembre ; le solstice d'hiver a lieu vers le 21 décembre et le solstice d'été vers le 21 juin.

(2) On appelle ligne parallèle à une autre, celle dont tous les points sont situés à égale distance de cette autre ligne.

» chaque cercle polaire étant privées du soleil une partie de » l'année, ou n'en recevant jamais les rayons que très-obli- » quement, à cause de la courbure de la terre, ont mérité » le nom de *zones glaciales*. Deux autres zones comprises » dans chaque hémisphère, entre le cercle polaire et le tropi- » que, n'ont jamais le soleil à plomb, mais reçoivent ses » rayons moins obliquement que les zones glaciales ; ce sont » les *zones tempérées*. Enfin, la bande circonscrite par les » deux tropiques dont chaque point passe deux fois sous le » soleil dans l'année, et qui reçoit toujours les rayons de cet » astre dans une direction peu oblique, a reçu la dénomina- » tion exagérée de *zone torride* (brûlante). — Malte-Brun. » *Précis de géographie universelle* (*Voir la fig.* 7.)

IV

Division de la sphère en degrés. Longitudes. — L'équateur, les méridiens, les tropiques, les cercles polaires, fournissaient déjà un certain nombre de points de repère pour déterminer la situation relative des différentes parties du globe; mais il était nécessaire de les rapporter à une mesure commune. On a donc tracé sur la circonférence de l'équateur, en prenant pour point de départ un méridien quelconque, 360 divisions égales ou *degrés*, dont chacune se subdivise en 60 minutes et 3,600 secondes.

Par les deux pôles, et par chacun des points où ces 360 divisions coupent l'équateur, on a fait passer de grands cercles ou méridiens, ayant pour centre commun le centre même de la sphère terrestre. On les a nommés *longitudes*. Un degré de longitude est donc l'intervalle entre deux de ces grands cercles, mesuré sur l'équateur, et la longitude d'un lieu est l'écart qui existe entre le méridien qui passe par ce lieu et un premier méridien convenu et choisi comme point de départ. En France, on compte les longitudes à partir du méridien de Paris, en Angleterre à partir du méridien de Greenwich près de Londres, et les différents peuples ont en général choisi comme premier méridien celui qui passe par leur

(1) Pour exprimer les degrés, on se sert du signe °, pour les minutes du signe ′, pour les secondes du signe ″. Exemple : 50° 25′ 30″ de lat. N. se lira : cinquante degrés, vingt-cinq minutes, trente secondes de latitude nord ou septentrionale.

capitale. Sur les cartes françaises, le premier méridien est marqué 0, et à partir de ce point, on compte, à l'est et à l'ouest, 180 degrés de longitude orientale et 180 degrés de longitude occidentale.

Latitudes. — Les méridiens étant des cercles égaux entre eux et sensiblement égaux à l'équateur, on peut porter sur les cercles de longitude, en prenant l'équateur pour point de départ, 360 divisions égales à celles qu'on aura tracées sur l'équateur même. Par les points où ces divisions coupent les méridiens, on a imaginé de tracer 180 cercles parallèles à l'équateur, ayant leur centre sur un des points de l'axe terrestre, plus petits à mesure qu'ils se rapprochent des pôles, et dont les deux derniers sont réduits à leur point central, c'est-à-dire au point même qui marque le pôle terrestre. On les a nommés *parallèles* ou *latitudes*. Un degré de latitude sera donc la partie du méridien comprise entre deux de ces parallèles, et la latitude d'un lieu sera la distance qui le sépare de l'équateur, mesurée sur la portion du méridien qui le traverse, comprise entre l'équateur et le parallèle du lieu.

Dans tous les pays, on mesure les latitudes en partant de l'équateur (0) et en marchant vers les deux pôles; chaque hémisphère comprend 90 degrés. On dira donc que le pôle sud est situé par 90 degrés de latitude méridionale, le pôle nord par 90 degrés de latitude septentrionale : que le tropique du Cancer est situé par 23° 27′ 38″ de latitude septentrionale, et celui du Capricorne par 23° 27′ 38″ de latitude méridionale; les deux cercles polaires par 66° 32′ 22″ de latitude nord ou sud. (*Voir la fig.* 7.)

La distance entre deux degrés, mesurée soit sur l'équateur, soit sur le méridien, est d'environ 111 kilomètres (un peu moins de 28 lieues kilométriques) (1); mais, tandis que l'intervalle qui sépare les latitudes reste constant, sauf une légère différence produite par l'aplatissement de la terre aux pôles, l'écartement des longitudes diminue régulièrement depuis l'équateur jusqu'aux pôles, où il est réduit à zéro, puisque tous les méridiens viennent s'y rencontrer.

Différents noms et orientation des cartes. — La division en degrés de longitude et de latitude sert de base à la construction des globes ou des cartes planes, quelle

(1) La lieue kilométrique est de 4 kilomètres.

qu'en soit la dimension. Parmi ces dernières, il en est qui portent des noms particuliers. Ainsi, on appelle **mappemondes** ou **planisphères** celles qui représentent l'ensemble du globe. Comme on ne peut voir en même temps les deux faces d'une boule on est obligé ou de les dérouler et de les étaler comme une nappe (d'où vient le nom de *mappemonde*) (*Voir la carte* IV), ou de les aplatir et de les faire ensuite tourner comme autour d'une charnière, pour qu'elles se présentent à la fois sous la forme de deux cercles, reproduisant chacun un des deux hémisphères, coupés suivant un méridien quelconque. (*Voir la carte* II.)

Les **cartes** proprement dites, se bornent à indiquer à grands traits le relief du sol, les principaux cours d'eau, les voies de communication les plus importantes, les villes qui n'y sont représentées que par des points ou des figures de peu d'étendue.

On appelle **carte topographique** celle qui donne la description détaillée d'un lieu particulier ou même de tout un pays. La carte de France levée par les officiers de l'Etat-major, et à laquelle nous avons emprunté le plan de Saint-Cloud est une carte topographique.

Enfin un **plan** est une carte topographique à une très-grande échelle et qui reproduit dans tous ses détails une ville, une forêt ou tout autre espace restreint.

Dans les cartes ordinaires, le nord est placé en haut, le sud en bas, l'ouest à gauche et l'est à droite.

RÉSUMÉ.

I

La *Géographie* est la description de la terre.

Les *globes* et les *cartes* sont indispensables à l'étude de la géographie.

Les globes seuls donnent une idée exacte de la figure de la terre, qui a la forme d'une boule ou d'une *sphère*, mesurant 40,000 kilomètres de circonférence.

Les cartes planes, au contraire, en altèrent plus ou moins les proportions réelles.

Pour construire une carte, il est nécessaire de fixer d'abord un certain nombre de points de repère et de dresser une sorte de canevas.

Tel est l'usage des lignes que nous voyons tracées sur les cartes et sur les globes : les mouvements apparents du soleil,

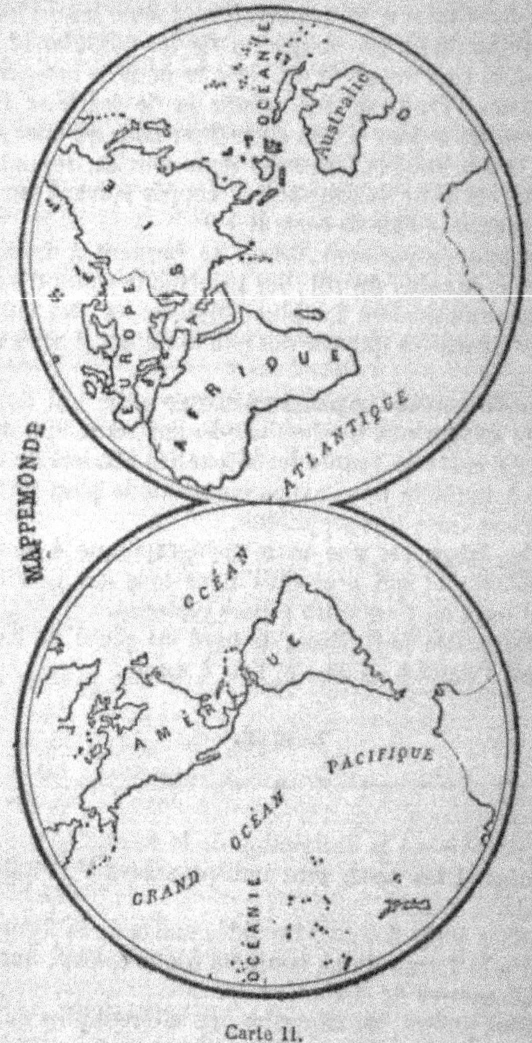

Carte II.

qui sont les mouvements vrais de la terre, ont servi de points de départ pour déterminer le tracé de ces lignes.

II

La terre tourne sur elle-même en 24 heures (mouvement d'où proviennent les *jours* et les *nuits*), et décrit en même temps autour du soleil, en 365 jours (une année), une immense ligne courbe qu'on appelle *écliptique* (mouvement qui détermine les *saisons*). Elle n'a qu'un satellite, la *lune*, qui tourne autour d'elle à peu près en un *mois*.

On a appelé *axe* du globe, la ligne imaginaire autour de laquelle semble s'opérer le mouvement de la terre sur elle-même, et *pôles* de la terre (pôle Nord ou *arctique*, et pôle Sud ou *antarctique*), les deux extrémités de cette ligne. L'axe est incliné par rapport à l'orbite terrestre.

Les *quatre points cardinaux* sont le *Nord* et le *Sud* qui correspondent aux deux pôles, l'*Est* ou *Orient* (côté où les astres se lèvent) à droite en regardant le nord ; et l'*Ouest* ou *Occident* (côté où les astres se couchent), à gauche en regardant le nord.

III

L'inégalité des jours et des nuits, et la succession des saisons proviennent de l'inclinaison de l'axe terrestre.

On donne le nom de *méridien* à tout grand cercle qui fait le tour du globe, en passant par les deux pôles.

L'*équateur* est un grand cercle qui divise la terre en deux *hémisphères* ou moitiés de sphère, en coupant tous les méridiens à distance égale des deux pôles. Il passe par le centre de la terre et par les deux points qui correspondent sur la surface du globe à ceux que la terre occupe dans le ciel au moment des *équinoxes*.

Les deux *tropiques*, celui du *Cancer*, au nord de l'équateur, et celui du *Capricorne*, au sud, sont deux cercles plus petits que l'équateur et qui passent par les deux points correspondant, sur la surface du globe, à ceux que la terre occupe dans le ciel au moment des *solstices*.

Les *cercles polaires* sont deux cercles parallèles à l'équateur et qui terminent vers chaque pôle la partie que le soleil éclaire lorsqu'il paraît passer dans l'hémisphère opposé.

Ces différents cercles divisent la terre en cinq *zones* ou bandes : une *zone torride* entre les deux tropiques ; deux *zones tempérées* entre les deux tropiques et les deux cercles polaires; deux *zones glaciales* entre les cercles polaires et les pôles.

IV

En prenant pour bases les méridiens et l'équateur, on a divisé la surface du globe en 360 *degrés de longitude*, suivant le tracé des méridiens, et 180 *degrés de latitude*, marqués par des cercles parallèles à l'équateur. Les degrés se subdivisent en 60 *minutes*, et les minutes en 60 *secondes*.

Les longitudes se comptent à partir d'un premier méridien convenu (en France, le méridien de Paris); il y a 180 degrés de longitude orientale, et 180 degrés de longitude occidentale.

Les latitudes se comptent à partir de l'équateur; il y a 90 degrés de latitude au nord de l'équateur, et 90 au sud.

La longitude d'un lieu est donc la distance qui sépare ce lieu du premier méridien, et la latitude d'un lieu, la distance qui le sépare de l'équateur.

Les lignes tracées sur les cartes sont les degrés de longitude et de latitude, l'équateur, les tropiques et les cercles polaires.

Sur les cartes ordinaires, le nord est placé en haut, le sud en bas, l'est à droite et l'ouest à gauche.

Questionnaire.

I. Quel est l'objet de la géographie? — Quelle est l'utilité des cartes et des globes? — Quelle est la forme de la terre? — Quelle en est la circonférence? — Comment peut-on prouver la rotondité du globe? — Les cartes planes peuvent-elles reproduire exactement la figure de la terre? — Pourquoi une carte plane ne peut-elle être exacte? — Quel est l'usage des cartes en relief?

Qu'est-ce que l'échelle d'une carte? — Donner des exemples. — Comment construit-on un plan ou une carte? — A quoi servent les lignes tracées sur les cartes et sur les globes? — Ces lignes existent-elles dans la nature? — Sur quelle base s'est-on appuyé pour les tracer?

II. Qu'entend-on par mouvement de rotation et mouvement de translation de la terre? — Donner des exemples qui fassent comprendre ce double mouvement simultané. — En combien de temps la terre tourne-t-elle sur elle-même? — En combien de temps tourne-t-elle autour du soleil? — Pourquoi le soleil et les étoiles nous paraissent-ils tourner autour de la terre? — Qu'est-ce qu'un mois? — Qu'est-ce que l'axe et les pôles de la terre? — Quels noms donne-t-on aux deux pôles? — Quels sont les points cardinaux? — Qu'est-ce que la boussole?

III. Qu'est-ce qu'un méridien? — Quelle est la cause de l'inégalité des jours et des nuits et de la variété des saisons? — Qu'est-ce que l'équateur? — Qu'est-ce que les équinoxes? — Qu'entend-on par parallèle à l'équateur? — Qu'est-ce que les tropiques? — Qu'entend-on par solstices? — Qu'est-ce que les cercles polaires? — En combien de grandes zones divise-t-on le globe?

IV. En combien de degrés, de minutes et de secondes la sphère terrestre est-elle divisée? — Qu'entend-on par latitude et par longitude d'un lieu? — A partir de quel méridien compte-t-on les longitudes en France? — Combien y a-t-il de degrés de longitude orientale? — Combien de longitude occidentale? — Comment-compte-t-on les latitudes? — Combien y a-t-il de degrés de latitude septentrionale? — Combien de latitude méridionale? — Qu'est-ce qu'une mappemonde? — Quelle est dans les cartes la position des points cardinaux? — Les indiquer sur une carte et sur un globe.

Exercices.

Reproduire sur le papier ou mieux sur le tableau noir et à main levée les figures du livre, et en donner en même temps l'explication.

Indiquer sur un globe terrestre les pôles, l'équateur, les tropiques, les cercles polaires et le tracé de deux ou trois méridiens.

Reproduire à une échelle réduite le plan de la ville ou la carte du département tracés au tableau noir.

Écrire avec les signes convenus un certain nombre de latitudes et de longitudes. (Choisir de préférence celles de la ville où l'on se trouve.)

CHAPITRE II

NOTIONS GÉNÉRALES DE GÉOGRAPHIE PHYSIQUE ET POLITIQUE.

On appelle géographie *physique* (*naturelle*) celle qui se borne à décrire la terre telle que la nature l'a faite, et sans se préoccuper des œuvres de l'homme.

La géographie politique se propose au contraire d'énumérer et de décrire les œuvres de l'intelligence et du travail humain, les villes que l'homme a bâties, les États qu'il a fondés, les gouvernements qu'il a institués.

I

Les divisions des terres et des mers.

Superficie du globe. Les mers. — La surface du globe n'est pas lisse et régulière comme celle d'une boule polie et travaillée au tour; elle présente des creux, des rides,

des hauteurs insignifiantes, par rapport à sa masse, et beaucoup moins sensibles que les rugosités de la peau d'une orange, mais gigantesques si nous les mesurons à notre taille.

Dans les parties les plus creuses, s'est formé un immense dépôt d'eaux salées qui couvrent près des trois quarts de la superficie du globe (1) et que l'on appelle l'*océan* ou la *mer* (2).

Les continents. Les îles. — Au-dessus des mers, qui les enveloppent de toutes parts, s'élèvent des terres d'aspect très-différent et d'étendue très-inégale : toutefois, au premier coup d'œil jeté sur une mappemonde ou sur un globe terrestre, on distingue deux grandes masses de terres séparées l'une de l'autre par l'Océan, mais dont chacune occupe une vaste portion de la superficie du globe, et que l'on appelle des *continents*, parce que ces terres se tiennent, et qu'elles ne sont nulle part complétement interrompues par la mer.

Toute terre entourée d'eau, et qui n'est pas assez grande pour mériter le nom de continent, s'appelle une *île*.

Ancien et nouveau continent. — La plus considérable et la plus anciennement connue des deux grandes divisions des terres a reçu le nom d'*ancien continent* ; la plus récemment découverte par les Européens celui de *nouveau continent*.

Les cinq parties du monde. — L'ancien continent se divise en trois parties : l'*Europe*, l'*Asie* et l'*Afrique*, noms qui remontent à une haute antiquité et dont il est difficile de préciser l'origine ; le nouveau n'en comprend qu'une, l'*Amérique*, ainsi nommée d'un de ses premiers explorateurs, l'Italien Améric Vespuce : mais on est convenu de regarder comme une cinquième partie du monde les terres disséminées dans l'Océan qui s'étend entre l'Amérique et l'Asie, et on les a nommées *Océanie*.

Grandes divisions des mers. — Bien que toutes les parties de l'Océan communiquent et forment une masse continue, les géographes y reconnaissent cinq divisions principales :

1° L'*océan Atlantique*, ainsi nommé du mont *Atlas*,

(1) La superficie du globe est en chiffres ronds de 5,100,000 myriamètres carrés : les mers en comprennent 3,834,000 ; les terres 1,266,000

(2) On remarquera que l'étendue des mers est beaucoup plus considérable dans l'hémisphère austral que dans l'hémisphère boréal.

chaine de montagnes de l'Afrique septentrionale, et limité par l'Europe et l'Afrique à l'est, l'Amérique à l'ouest;

2° L'*océan Pacifique* ou *Grand-Océan*, entre l'Amérique à l'est et l'Asie à l'ouest;

3° L'*océan Indien*, ainsi nommé d'une contrée de l'Asie, les Indes, entre l'Océanie à l'est, l'Asie au nord et l'Afrique à l'ouest;

4° L'*océan Glacial arctique*, dans la région voisine du pôle Nord;

5° L'*océan Glacial antarctique*, dans la région voisine du pôle Sud.

On appelle ces mers *glaciales*, parce que leurs eaux congelées à la surface par le froid qui règne dans le voisinage des deux pôles, sont en partie couvertes de glaces fixes que l'on appelle *banquises*, et de glaces flottantes qui atteignent quelquefois des dimensions gigantesques, et qui descendent fort loin des pôles.

II

Nomenclature géographique. Les Continents. Relief du sol.

Montagnes et collines. — Si l'on jette les yeux sur les continents, on est frappé tout d'abord de l'irrégularité de leur surface. Ici des espaces plats, là des pentes rapides, des renflements de terrain qui s'étendent parfois sur une surface immense. Les plus considérables de ces bosses, dont la hauteur n'atteint dans aucun pays du monde 9,000 mètres au-dessus de la mer (1), s'appellent des **montagnes** (2) : les moins élevées, des **collines** ou des **coteaux**.

(1) Il est impossible d'apprécier exactement le relief du sol, en se contentant de déterminer les hauteurs par rapport à la région environnante. Les noms de montagnes, de plaines, de plateaux n'ont rien d'absolu. Les montagnes ne sont en général que les sommets d'une longue pente où les derniers gradins d'un amphithéâtre, et telle colline est aussi élevée au-dessus des plaines qui l'entourent, que les cimes des plus hautes montagnes au-dessus des massifs qu'elles dominent.

On a donc choisi comme base de l'évaluation des hauteurs un niveau constant et à peu près uniforme sur toute la surface du globe, celui de la mer.

(2) On admet généralement que la terre était à l'origine une masse liquide et brûlante de matières en fusion. Peu à peu les couches supérieures se refroidirent, une croûte solide se forma, et les montagnes primitives ne furent autre chose que les sillons ou les gerçures de cette croûte analogues à celles qui se forment à la surface d'une masse de

NOTIONS GÉNÉRALES
de
GÉOGRAPHIE PHYSIQUE
MER INTÉRIEURE
Golfe
Presqu'île
Plateau
Bassin Secondaire
Désert
Delta
Vallée
Golfe
ILE
Canal

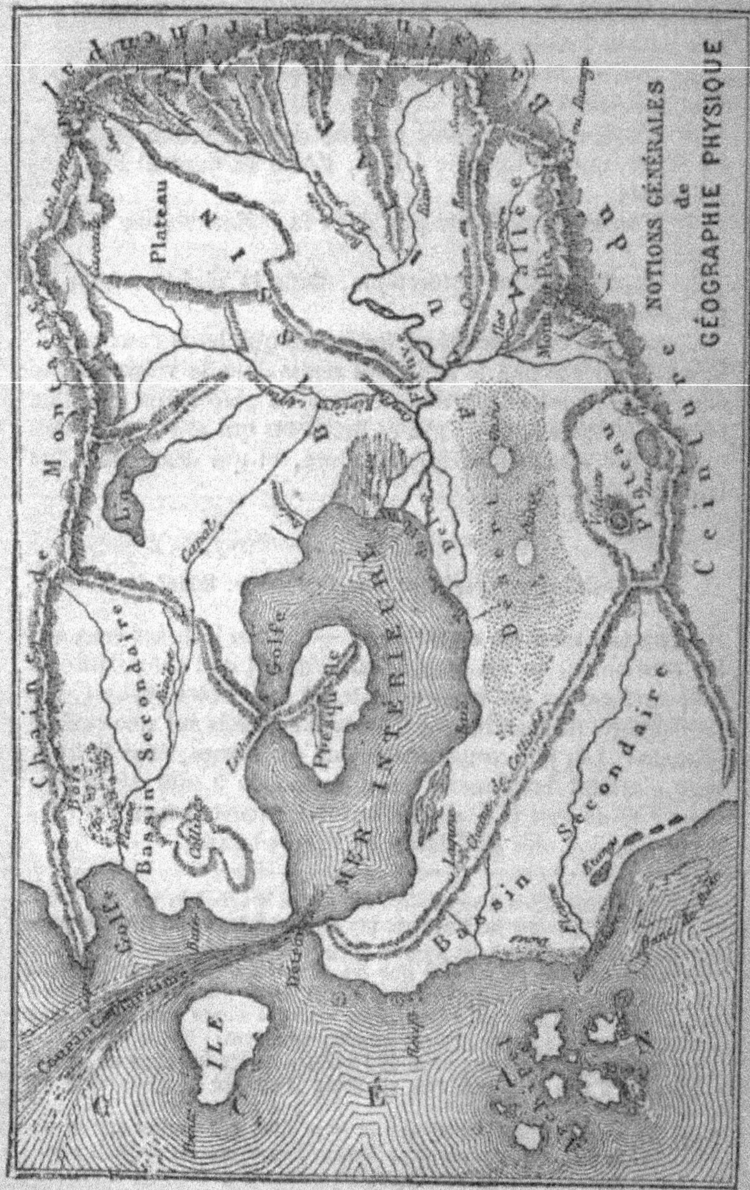

Carte III.

Chaînes de montagnes. — Quand les montagnes se prolongent sur une vaste étendue, de manière à se toucher au moins par leur base, on dit qu'elles forment une **chaîne.** Au-dessus du massif de la chaîne, se dressent des sommets isolés, qui reçoivent, suivant leur forme, les noms de *pics* ou d'*aiguilles*, s'ils finissent en pointe; de *ballons* ou de *dômes*, s'ils présentent une forme arrondie; de *dents*, s'ils se terminent par une arête étroite et escarpée.

Volcans. — Quelques montagnes, les unes isolées, les autres faisant partie d'une chaîne, mais s'élevant toutes en

Fig. VIII. — Cône d'éruption d'un volcan.

pain de sucre et creusées au sommet en forme d'entonnoir ou de *cratère* (coupe), vomissent à intervalles inégaux de la

métal fondu et refroidi. A mesure que la croûte s'épaississait et pesait sur les parties encore liquides du globe, celles-ci débordaient par les crevasses ou soulevaient l'enveloppe solide et y déterminaient des boursouflures qui sont les montagnes dites de *soulèvement*. Enfin un grand nombre de collines ou de montagnes peu élevées sont formées par les couches successives de matières solides qui se sont déposées au fond des mers primitives desséchées ou déplacées plus tard par les soulèvements et les révolutions du globe. Aujourd'hui même tout porte à croire qu'à l'exception d'une écorce épaisse de 35 à 40 kilomètres, la masse entière du globe est encore liquide, et c'est au bouillonnement de ces matières fluides et à la pression exercée sur elles par l'écorce solide qui se refroi-

fumée, des pierres brûlantes, des cendres, des matières en fusion que l'on appelle des *laves*; on leur donne le nom de **volcans** (1). (*Voir la figure* 8.)

Vallées et défilés. — Les montagnes et les collines sont coupées, tantôt par des brèches étroites et profondes que

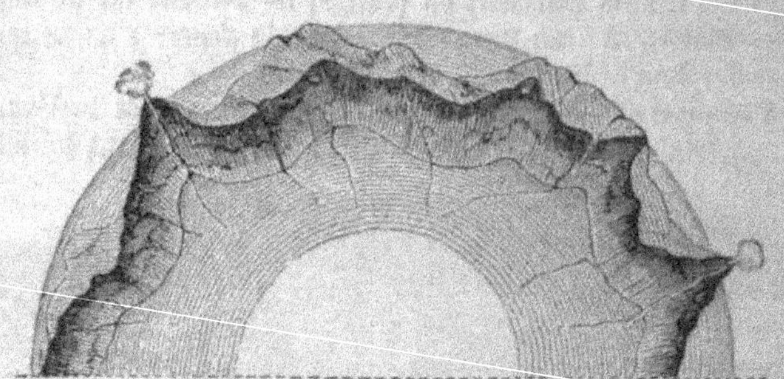

Fig. IX. — Coupe de l'intérieur du globe.

l'on appelle **défilés**, *cols*, *ports*, *pas* ou *gorges*, tantôt par des ouvertures plus larges qui portent le nom de **vallées**.

Plaines et plateaux. — Au pied ou sur la croupe des chaînes de montagnes qui sillonnent de toutes parts les continents et qui en dessinent pour ainsi dire la charpente, s'étendent de vastes espaces plats ou sans ondulations sensibles : on les nomme des **plaines**. On rencontre des plaines à toutes les hauteurs, mais quand elles sont élevées au-dessus des terres environnantes et qu'elles se terminent par un talus

dit et s'épaissit lentement, qu'on attribue les éruptions volcaniques et les tremblements de terre.

(1) « On attribue l'existence des volcans au refroidissement du globe » dont la croûte solide pèse continuellement sur les matières en fusion » qui se trouvent au-dessous d'elle, et qui la feraient éclater si les bouches volcaniques ne venaient leur livrer passage. A la poussée exercée » par ces matières se joignent quelques actions particulières, telles que » l'accumulation des vapeurs souterraines sur certains points, l'arrivée » de l'eau de mer par des fissures naturelles dans les cavités où la lave » bouillonne, etc... Les volcans peuvent donc être comparés à des espèces de soupapes de sûreté destinées à préserver la terre d'une » formidable explosion. » (*Lectures variées sur les sciences usuelles*, par M. Maigne. 1 vol. in-12. — E. Belin, éditeur.)

Lorsque les conduits qui faisaient communiquer une bouche volcanique avec l'intérieur du globe sont obstrués, et que le volcan cesse de vomir des laves et de la fumée, on dit qu'il est *éteint*.

On compte sur le globe plus de 200 volcans en activité.

plus ou moins escarpé, elles prennent le nom de **plateaux**.

Steppes. — Quelques-uns de ces plateaux ou de ces plaines présentent de grandes surfaces presque unies, tantôt humides, tantôt desséchées, couvertes d'herbes ou de roseaux, mais sans arbres; on les nomme suivant les pays, *steppes, savanes, llanos* ou *pampas*.

Déserts et oasis. — D'autres enfin, qui portent le nom de *déserts*, sont des terrains pierreux ou couverts de sables, sans eau, sans autres végétaux que quelques plantes épineuses, à moins qu'une source ne permette à la végétation de se développer et ne crée dans cet océan de sable des îles de verdure que l'on nomme *oasis*.

Les côtes. — Si nous quittons l'intérieur des continents pour descendre vers le *littoral*, les *côtes* ou les *rivages*, c'est-à-dire vers les parties que baigne l'Océan, nous y retrouvons la même variété d'aspect, la même irrégularité de contours. Ici des *plages* ou *grèves*, côtes plates et sablonneuses ou couvertes de galets (cailloux roulés et polis par les vagues); des *étangs* ou *lagunes* séparées de la mer par une étroite bande de sables, qu'interrompent çà et là des ouvertures par où pénètrent les eaux de l'Océan; ailleurs des *falaises*, espèces de murailles taillées à pic et dont le pied est rongé par les flots; des *rochers*, des *dunes*, monticules formés d'un sable léger que les vents poussent devant eux.

Caps. Presqu'îles. Isthmes. — Tantôt la côte est droite et sans sinuosités, tantôt elle projette dans la mer des pointes que l'on nomme *caps* ou *promontoires*; tantôt elle se prolonge par des masses plus considérables appelées *presqu'îles* ou *péninsules*, parce que la mer les entoure de toutes parts à l'exception d'un seul point où elles se rattachent au continent par une langue de terre qui a reçu le nom d'*isthme*.

III

Les eaux intérieures.

Les eaux stagnantes. Lacs. Etangs. Marécages. — Il existe à la surface du globe d'autres eaux que les mers (1) : dans l'intérieur des continents, quelquefois

(1) De la surface des mers s'élève continuellement de la vapeur d'eau que les vents emportent, qui se condense en nuages, puis qui se résout en neiges et en pluies. Les neiges s'accumulent sur les montagnes, les pluies s'infiltrent à travers le sol et s'amassent dans des cavités natu-

même à une grande hauteur, on rencontre des amas d'eaux douces, ou plus rarement salées, qui remplissent des dépressions du sol : les plus grands se nomment des **lacs**, les plus petits des *étangs*, et quand les eaux n'ont pas de profondeur et qu'elles détrempent seulement le sol de manière à former une sorte de bouillie fangeuse, elles prennent le nom de *marais* ou *marécages*.

Les eaux courantes. Fleuves et rivières. — Quant aux *eaux courantes*, qui sont presque toutes des eaux douces et qui coulent dans un *lit* plus ou moins encaissé et sur une pente plus ou moins rapide, celles qui se jettent directement dans la mer après un cours assez long portent le nom de **fleuves** ; on appelle **rivières** celles qui se jettent dans un fleuve, dans une autre rivière ou même dans la mer si leur cours est peu étendu, **ruisseaux** celles qui ne sont pas navigables et dont la longueur est peu considérable, et **torrents** celles dont la pente est très-rapide, la longueur médiocre, et qui coulent en général dans des pays de montagnes. — Quelques cours d'eau se perdent dans les sables ou s'engloutissent dans le sol, au lieu d'aboutir à la mer ou à un fleuve.

La *source* d'un cours d'eau est l'endroit où il commence; l'*embouchure* d'un fleuve celui où il se confond avec la mer : le *confluent* de deux cours d'eau celui où ils se réunissent. La *rive droite* d'un fleuve ou d'une rivière est celle qui se trouve à la *droite*, la *rive gauche* celle qui se trouve à la *gauche* d'une personne qui les descend, c'est-à-dire qui en suit le courant ou la pente naturelle.

Il peut arriver que le lit d'un fleuve ou d'une rivière, au lieu de former une pente continue, soit encombré de rochers, ou brusquement interrompu par un escarpement souvent taillé à pic comme les marches d'un escalier; le fleuve forme alors des *rapides*, des *cascades*, des *chutes* ou des *cataractes* dont la hauteur est parfois immense (1).

Versants. — Quand on examine le pays arrosé par un fleuve et par ses *affluents*, c'est-à-dire par les cours d'eau qu'il reçoit, on remarque, si l'on ne tient pas compte des accidents secondaires du terrain, que l'ensemble de ce pays

relles. Telle est l'origine des fleuves et des rivières, qui reportent à la mer l'eau qu'ils en ont reçue.

(1) Les plus hautes ont jusqu'à 800 mètres.

forme deux pentes inclinées l'une vers l'autre et qui viennent se réunir dans le lit même du fleuve où elles versent les eaux qui les arrosent, ce qui leur a fait donner le nom de **versants.**

Bassins. — Le sommet de cette double pente est dessiné par une ligne de hauteurs qui peuvent être des collines ou des montagnes, mais qui ne sont souvent que des plateaux ou même une simple ondulation de terrain au milieu d'une plaine. Ces hauteurs viennent se joindre à l'endroit où le fleuve prend sa source, et projettent entre ses divers affluents des chaînons ou *rameaux* secondaires.

On a donné à la région circonscrite par cette ligne de hauteurs le nom de **bassin** du fleuve, aux montagnes, aux collines, aux plateaux et aux ondulations de terrain qui la limitent, le nom de *ceinture du bassin*.

Ligne de partage des eaux. — L'arête supérieure des hauteurs qui séparent deux bassins porte le nom de *ligne de partage des eaux* ou *ligne de faîte*, parce qu'elle marque en effet la crête de ce double revers comparable aux pentes d'un toit, et qui verse dans des directions opposées les eaux qui y prennent naissance.

Ce que nous venons de dire d'un *bassin fluvial*, considéré isolément, s'applique également à une région plus vaste comprenant les bassins de tous les fleuves qui se jettent dans une même mer.

IV

Les mers et l'atmosphère.

Mers intérieurs. Golfes. Détroits. — La géographie physique des mers est beaucoup moins compliquée que celle des continents, si l'on se borne à en étudier la surface. Si nous les considérons d'abord dans le voisinage des côtes, nous les voyons tantôt s'enfoncer dans les terres, sous les noms de *mers intérieures* ou *méditerranées*, *golfes*, *baies*, *anses*, *rades*, *ports*, etc., tantôt se resserrer et former entre deux terres une sorte de défilé que l'on appelle *détroit*.

Montagnes sous-marines. Ecueils. Brisants. Iles et archipels. — Au-dessus des flots ou à peu de distance de la surface des mers, se dressent des rochers isolés et connus des matelots sous les noms de *vigies* et d'*écueils*, ou réunis de manière à former une sorte de barrière où la

PLANISPHÈRE
Grandes Divisions
des Mers et des Terres
OCÉAN GLACIAL ARCTIQUE
OCÉAN GLACIAL ANTARCTIQUE
OCÉAN INDIEN
OCÉAN ATLANTIQUE
OCÉAN PACIFIQUE

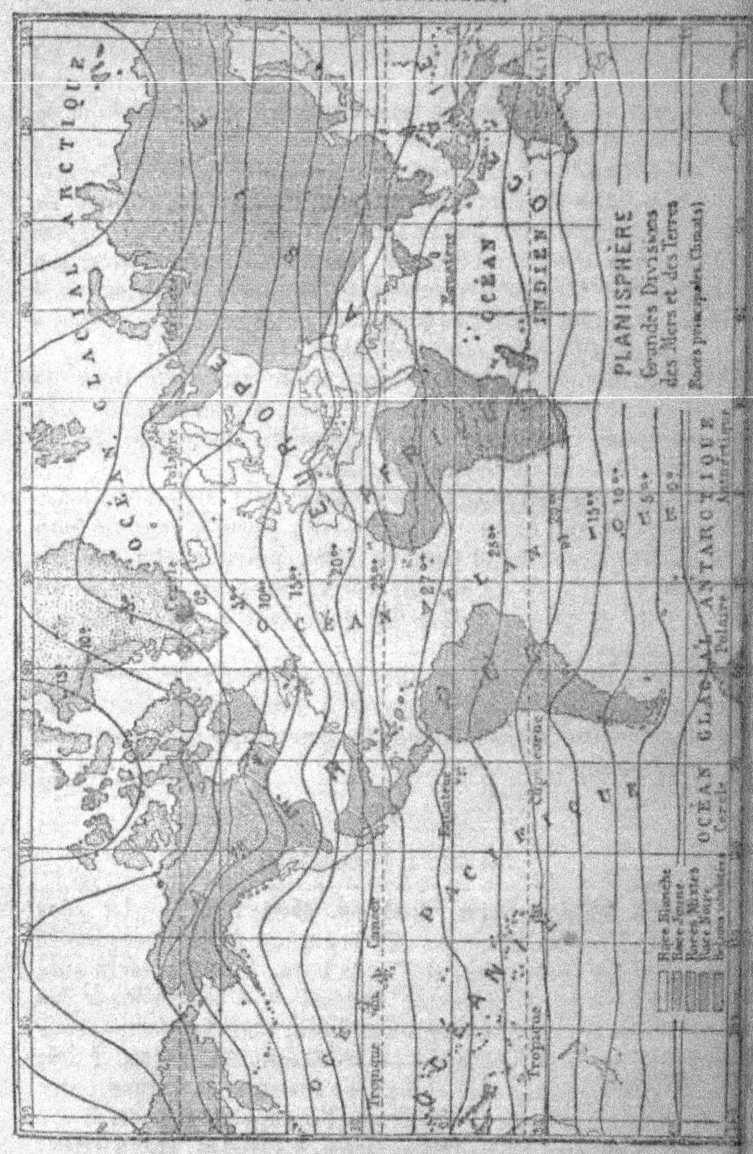

Carte IV.

mer vient se briser, et désignés sous le nom de *brisants*, *récifs*, etc.

Ces rochers, de même que les *bancs de sable* à fleur d'eau, les *îles* et les *archipels* ou groupes d'îles, ne sont autre chose que les sommets des pics, des chaînes de montagnes et des plateaux sous-marins, car le fond de la mer présente les mêmes accidents que la superficie des continents, et les plus grandes profondeurs connues de l'Océan ne dépassent guère les plus grandes hauteurs des montagnes terrestres, c'est-à-dire 8,000 à 9,000 mètres.

Les courants. — La surface des mers est continuellement agitée par les vents; mais on y observe d'autres mouvements plus réguliers et plus constants : ce sont les *courants* et les *marées*. Dans certaines parties de l'Océan, soit le long des côtes, soit en pleine mer, les eaux semblent entraînées dans une direction particulière, par une force cachée, comme les fleuves le sont par la pente de leur lit. Ces espèces de fleuves maritimes, que l'on nomme *courants*, sont tantôt permanents, tantôt périodiques, quelquefois même temporaires; les uns sont plus chauds, les autres plus froids que la masse des eaux qui les environne et qui en dessine pour ainsi dire les rivages, et la longueur, la largeur, qui atteignent parfois des proportions énormes, ne sont pas moins variables que les autres caractères.

Les marées. — Les marées sont le gonflement et l'abaissement périodique que l'on observe chaque jour à intervalles à peu près égaux dans les mers ouvertes. La marée montante se nomme le *flux*, la marée descendante le *reflux*; chacun de ces deux mouvements dure environ six heures et détermine par jour deux *hautes* et deux *basses mers*. Dans les mers intérieures, ces mouvements sont en général peu sensibles, et les circonstances locales exercent une grande influence sur le niveau, l'heure et les proportions de la marée. On attribue ce phénomène à l'attraction exercée par le soleil et surtout par la lune sur les parties liquides du globe qui ont moins de cohésion que les parties solides.

L'atmosphère. — La masse entière du globe est environnée d'une couche d'air épaisse de 50 à 70 kilomètres, mais qui se raréfie rapidement à mesure qu'on s'élève. Cette enveloppe gazeuse de la terre porte le nom d'*atmosphère*. Bien plus mobile que l'eau, sans cesse dilatée par la chaleur ou resserrée par le froid, l'atmosphère est dans une perpétuelle agitation, et ces mouvements capricieux produisent les *vents*, les *tempêtes* et les *ouragans*, qui sont comme les vagues de l'air.

Cependant il existe dans l'atmosphère, comme dans l'Océan, des courants chauds ou froids réguliers et que l'on peut considérer comme constants, courants qui exercent une puissante influence sur les climats, et par conséquent sur l'agriculture, et qui tracent à la navigation et au commerce leur route sur les mers.

Les pluies. — L'atmosphère est le réservoir des vapeurs qui montent continuellement de la surface des mers, des lacs et des eaux courantes. Quand ces vapeurs se condensent, elles forment, suivant que le refroidissement est plus ou moins prononcé, les nuages, la pluie, la neige, la grêle, si elles flottent dans l'air: le brouillard, le givre, la rosée, la gelée blanche, si elles rampent sur le sol.

L'atmosphère rend ainsi aux parties liquides du globe ce qu'elles ont perdu par l'évaporation.

Limite des neiges perpétuelles. Glaciers. — La température décroît à mesure que l'on s'élève dans l'atmosphère. Au delà d'une certaine limite, les vapeurs d'eau qu'elle contient se condensent en neiges au lieu de se résoudre en pluies, et ces neiges entassées sur le sommet des montagnes ne fondent pas, même dans la saison chaude. La limite des *neiges perpétuelles* est à 5,000 mètres au-dessus du niveau de la mer dans le voisinage de l'équateur, entre 2,700 et 2,800 dans les montagnes de notre pays, et à moins de 1,500 mètres sous les cercles polaires.

Lorsque les neiges et le grésil s'accumulent dans les hautes vallées, les couches successives se durcissent et arrivent peu à peu à former une masse solide que l'on appelle *glacier*. Entraînés par leur poids sur la pente qui les supporte, ces blocs immenses de glace glissent lentement vers le fond de la vallée en poussant devant eux des débris de roches éboulées et en usant de leur frottement les parois des montagnes voisines. Les glaciers, qui mesurent quelquefois jusqu'à 10 kilomètres carrés de superficie, sont les réservoirs des fleuves et des rivières et exercent une grande influence sur la température des régions qui les environnent.

Les climats. — Les différences de température et de variations atmosphériques, telles que les pluies, les vents, les orages, qui distinguent les diverses parties du globe, constituent les *climats*. Le climat varie avec l'*altitude*, c'est-à-dire l'élévation du terrain au-dessus du niveau de la mer, l'exposition, la nature du sol ou même des cultures, et surtout avec la latitude. La température décroît de l'équateur aux pôles (1), mais les lignes courbes qui réunissent les différents points où la moyenne de la température annuelle est égale (2), ne coïncident pas avec les cercles de latitude parallèles à l'équateur et décrivent des sinuosités qu'il serait difficile de ramener à une règle générale. (Voir le planisphère, page 28.) Toutefois les *climats maritimes* sont toujours plus doux et plus uniformes que les *climats continentaux*, où l'écart est souvent énorme entre les températures extrêmes de l'hiver et de l'été (3).

V

Les animaux, les végétaux et l'homme.

Si, de la nature inanimée, nous passons à l'examen de la nature vivante, c'est-à-dire des plantes et des animaux, nous remarquerons que certaines espèces et certaines races semblent appartenir à une région déterminée et périssent ou ne traînent plus qu'une vie languissante si on les arrache à leur sol natal. Les plantes de la région des tropiques, le café, le cacao, la vanille, l'arbre à caoutchouc s'étiolent même dans nos serres chaudes, le palmier et l'oranger ne réussissent pas au-dessus du 40e degré de latitude N. et du 35e de latitude S., le froment au-dessus du 63e de latitude N. et du 52e de latitude S. ; le sapin et le bouleau s'élèvent au contraire sur le flanc des montagnes jusqu'à la limite des neiges éternelles, et résistent aux hivers des zones glaciales : le lion, le tigre, l'éléphant, la girafe, l'autruche, animaux des pays

(1) L'expérience a prouvé que cette règle n'est pas absolue. Dans la région polaire arctique, c'est vers le 80e degré de latitude septentrionale que le froid semble le plus intense ; il diminue quand on se rapproche du pôle, où, du reste, nul voyageur n'est encore parvenu. Dans le voisinage du pôle sud, le froid semble plus vif encore qu'au pôle nord.

(2) On a nommé ces courbes lignes *isothermes* ou lignes d'*égale chaleur*.

(3) Dans certaines régions, où les températures extrêmes de l'hiver descendent jusqu'à 40 degrés centigrades au-dessous de zéro, les températures extrêmes de l'été montent jusqu'à 30 degrés centigrades au-dessus de zéro. C'est un écart de 70 degrés.

chauds, ne pourraient vivre à l'état de liberté dans les contrées septentrionales, tandis que le renne et l'ours blanc, originaires des régions polaires, languissent ou meurent dans un climat tempéré.

L'homme et quelques animaux domestiques (le bœuf, le mouton, le cheval, le chien), sont les seuls qui vivent dans presque tous les climats et sous toutes les latitudes ; encore certaines zones semblent-elles plus particulièrement destinées à servir d'habitation aux diverses variétés de la grande famille humaine. On peut ramener toutes ces variétés à trois races ou types principaux.

La race blanche. — 1° La race *blanche* ou *caucasique* (1), supérieure à toutes les autres par son aptitude à la civilisation, a peuplé l'Europe, domine en Amérique, dans le nord de l'Afrique, dans le sud et dans l'ouest de l'Asie, et compte de nombreux représentants dans toutes les parties du globe, où son activité l'a disséminée. On la reconnait à la couleur blanche de la peau, au profil droit, à la coupe ovale du visage, à la chevelure longue et soyeuse variant du roux au noir.

La race jaune. — 2° La race *jaune* ou *mongolique* (2) domine dans l'Asie septentrionale et orientale et dans la zone glaciale arctique ; ses caractères distinctifs sont la couleur jaune ou brune de la peau, la largeur de la face et les pommettes saillantes, les yeux fendus obliquement, les cheveux rudes et presque toujours noirs, la bouche large et les lèvres proéminentes.

La race noire. — 3° La race *noire* occupe la partie centrale et méridionale de l'Afrique, une portion de l'Océanie, et s'est multipliée en Amérique, où les Européens l'ont transplantée. Elle se distingue par la coloration noire de la peau, l'épaisseur et la saillie des lèvres, l'épatement du nez, la chevelure noire et crépue ressemblant à de la laine, et l'infériorité de sa civilisation.

Races intermédiaires. — Entre ces trois types principaux se glissent, sans compter une foule de variétés produites par le mélange des races, un certain nombre de

(1) Le Caucase est une chaîne de montagnes qui sépare l'Europe de l'Asie. On a cru, sans raisons historiques bien sérieuses, y voir le berceau de la race blanche.

(2) On appelle Mongolie une vaste contrée de l'Asie centrale dont les habitants offrent le type le plus complet de la race jaune.

types intermédiaires sur lesquels la science n'est pas encore complétement fixée : les *Peaux Rouges* d'Amérique, à la peau bistrée, variant de la couleur du chocolat à celle du cuivre rouge, aux cheveux noirs, longs et rudes, aux pommettes saillantes et aux yeux légèrement obliques, comme ceux des peuples mongoliques ; les *Polynésiens* ou *Océaniens*, à la taille élevée, aux traits presque européens, à la longue chevelure noire, au teint cuivré, mais se rapprochant de la couleur basanée des populations du midi de l'Europe ou du nord de l'Afrique ; les *Malais*, dont le teint est plus foncé, les lèvres plus épaisses, et les yeux plus obliques, etc.

Population du globe. — La population totale du globe est d'environ 1,400,000,000 d'habitants, dont plus de 430 millions de race blanche.

VI

Notions de géographie politique.

Divisions politiques. — Outre les divisions naturelles et indépendantes de la volonté humaine, telles que l'Océan et les continents, les bassins des fleuves et des mers, il en est d'autres que l'homme a créées, et qu'il peut modifier à son gré : ce sont les divisions politiques, c'est-à-dire les espaces déterminés par la tradition ou par les traités, qu'occupent à la surface du globe certains groupes d'hommes qui s'en réservent la jouissance et la domination exclusive.

Peuplades et tribus. — Quand ces groupes sont peu nombreux et peu civilisés, et qu'ils consistent seulement dans la réunion de quelques familles autour d'un chef commun, on les appelle des *peuplades* ou des *tribus*. Un grand nombre de ces tribus, surtout celles qui vivent dans les steppes ou dans les déserts, sont *nomades*, c'est-à-dire errantes, habitent sous des tentes ou sous des abris temporaires, et se déplacent quand leurs bestiaux ont épuisé un pâturage ou qu'un territoire de chasse ne suffit plus à leur subsistance.

Etats et nations. — Les groupes plus nombreux, plus avancés dans la civilisation, vivant sous un gouvernement commun dans un espace déterminé, portent le nom d'*Etats*. Il ne faut pas confondre un *Etat* et une *nation*, bien que ces deux mots s'emploient souvent l'un pour l'autre. Une nation est une réunion d'hommes occupant un territoire dont les limites sont en général indiquées par des accidents naturels, tels que des mers, des montagnes, de grands fleuves, et liés entre eux par la communauté de langue et d'origine, ou du moins de traditions historiques, d'intérêts et de sentiments. Une nation peut former plusieurs Etats, et un Etat peut se composer de plusieurs nations.

Les Etats se subdivisent en circonscriptions moins étendues, qui portent le nom de *provinces*, de *cercles*, de *départements*, etc. Les groupes d'habitations portent, suivant qu'ils sont plus ou moins considérables, le nom de *villes*, de *bourgs*, de *villages* et de *hameaux*.

Formes de gouvernement. Républiques et monarchies. — Tous les Etats n'ont pas la même forme de gouvernement. On appelle *républiques* ceux où le peuple se gouverne lui-même, soit par des décisions auxquelles prennent part directement tous les citoyens, soit par l'intermédiaire d'assemblées moins nombreuses chargées de faire les lois, et d'un ou de plusieurs magistrats responsables de leurs actes et non héréditaires, chargés de les faire exécuter.

Une *monarchie* est un Etat où la direction suprême du gouvernement appartient à un seul chef, le plus souvent héréditaire. Si ce pouvoir est sans limites et sans contrôle, la monarchie est dite *absolue* ou *despotique*. S'il est limité par des conventions écrites entre le souverain et ses sujets, c'est-à-dire par une *constitution*, et contrôlé par des assemblées soit *électives* (nommées par les citoyens), soit *héréditaires* (où le fils succède de droit au père), la monarchie est dite *constitutionnelle*.

Civilisation. Principales religions. — La civilisation d'un peuple consiste dans l'ensemble de ses croyances, de ses mœurs, de ses lois, dans les moyens qu'il emploie pour satisfaire ses besoins, et pour exprimer ses sentiments ou ses idées. L'un des principaux éléments d'une civilisation, c'est la religion. Toutes les religions peuvent se ramener à deux grandes classes : celles qui n'admettent qu'un seul Dieu et celles qui en admettent plusieurs.

Les religions *monothéistes* (qui n'admettent qu'un seul Dieu) sont :

1° Le CHRISTIANISME, qui se subdivise en *catholicisme* (210 millions) (1); — *Eglise grecque schismatique* (80 millions),

(1) Ces chiffres ne peuvent être qu'approximatifs.

ainsi nommée parce qu'elle s'est séparée du catholicisme et ne reconnaît pas l'autorité du pape; — et *protestantisme* (100 millions), fondé au XVIe siècle après Jésus-Christ par *Luther* et *Calvin*.

L'Europe et l'Amérique presque tout entières sont chrétiennes.

2° Le JUDAÏSME, encore professé par les Juifs répandus dans toutes les parties du monde (5 à 6 millions).

3° Le MAHOMÉTISME, ainsi nommé de son fondateur, l'Arabe Mahomet, et dominant dans l'Asie occidentale et centrale et l'Afrique septentrionale (170 millions).

Les religions *polythéistes* (qui admettent plusieurs dieux) sont :

1° Le FÉTICHISME, la plus grossière de toutes les religions, qui consiste dans l'adoration de toutes sortes de choses animées ou inanimées, utiles ou nuisibles, et douées aux yeux de leurs adorateurs d'une puissance mystérieuse. La plupart des populations nègres de l'Afrique et des peuples indigènes de l'Océanie sont fétichistes.

2° Le BRAHMANISME, qui doit son nom à son principal dieu, *Brahma*, et qui est pratiqué dans l'Asie méridionale (160 millions).

3° Le BOUDDHISME (450 millions?), dominant dans l'Asie orientale et ainsi nommé parce que ses sectateurs attribuent l'origine de leur religion à un être divin qu'ils appellent *Bouddha*.

Industrie. Commerce. Voies de communication. — Quand un peuple a atteint un certain degré de civilisation, il ne se contente plus des produits de la pêche ou de la chasse et des fruits sauvages que la terre lui offre sans travail : il défriche et cultive le sol et crée l'*agriculture*, il exploite les mines, il transforme par son *industrie* les matières premières que lui fournissent la nature vivante et inanimée, la terre et les mers, il échange l'excédant de ses produits contre ceux qui lui manquent et qu'il va chercher dans les autres contrées du globe, échange qui constitue le *commerce* : il imagine, pour faciliter ces échanges, des systèmes de monnaies, de poids et de mesures; il ouvre des *voies de communication* pour triompher des obstacles naturels. Des *routes* traversent les forêts, les montagnes, les vallées; des *ponts* franchissent les fleuves et les rivières : des *canaux* coupent les isthmes et réunissent les cours d'eau d'un même bassin ou de deux bassins différents, soit par une simple tranchée, soit par des *écluses* qui forment comme les marches d'un escalier et permettent aux bateaux de s'élever et de redescendre sur la pente des collines trop hautes pour être franchies à ciel ouvert et trop étendues pour être percées par un sou-

Fig. X. — Canal et écluse.

terrain. Des *chemins de fer* rapprochent les distances; des lignes de *bateaux à vapeur* triomphent des vents et des courants; des *fils électriques* plongent sous les mers, sillonnent les continents et transmettent les messages avec la rapidité de l'éclair.

L'étude de la géographie agricole, industrielle et commerciale, que l'on a proposé d'appeler géographie économique (1), est le complément de la description physique et politique des diverses contrées du globe.

RÉSUMÉ.

Géographie physique (naturelle).

I

Divisions générales. — La superficie du globe est occupée par les *terres* et les *mers*.

(1) On appelle économie politique une science qui a pour but d'étudier les lois de la production, de la consommation et de la distribution des richesses, quelle qu'en soit la nature et l'origine.

L'*Océan* ou la *mer* est un immense dépôt d'eaux salées qui couvre les trois quarts de la surface du globe.

Un *continent* est une terre d'une très-grande étendue ; une *île* une terre plus petite, entourée d'eau de toutes parts; un groupe d'îles se nomme *archipel*.

Il y a deux continents : l'*Ancien* qui comprend trois parties, l'*Europe*, l'*Asie* et l'*Afrique*; et le *Nouveau* qui porte le nom d'*Amérique* : l'*Océanie* avec le continent d'*Australie* forme une cinquième partie du monde.

On divise l'Océan en cinq parties :

1° L'*océan Atlantique*, entre l'Europe et l'Afrique à l'est, et l'Amérique à l'ouest ;

2° L'*océan Pacifique* ou *Grand-Océan*, entre l'Amérique à l'est, et l'Asie à l'ouest;

3° L'*océan Indien*, entre l'Océanie à l'est, l'Asie au nord, et l'Afrique à l'ouest;

4° L'*océan Glacial arctique*, dans la région voisine du pôle Nord;

5° L'*océan Glacial antarctique*, dans la région voisine du pôle Sud.

II

Les continents. Relief du sol. — Une *montagne* est une masse de terre d'une grande élévation et offrant une pente plus ou moins rapide; les plus hautes n'atteignent pas 9,000 mètres au-dessus du niveau de la mer, celles qui sont peu élevées se nomment *collines*.

Une *chaîne* de montagnes est une suite de montagnes qui se touchent au moins par leur base.

Un *volcan* est une montagne qui vomit de la fumée et des matières en fusion nommées *laves*.

Un *col* ou *défilé* est un passage étroit entre des montagnes.

Une *vallée* est un espace assez large, plus ou moins uni, qui s'ouvre dans un massif montagneux, ou qui sépare deux chaînes de montagnes ou de collines.

Une *plaine* est un espace plat ou peu accidenté : un *plateau* est une plaine élevée au-dessus des terres environnantes.

Un *désert* est une terre stérile, inhabitée et souvent couverte de sables : un *steppe* est une plaine couverte de végétation, mais inculte et sans arbres.

Les rivages. — La *côte* est la partie d'un continent ou d'une île baignée par la mer; un *cap* est une saillie de la côte qui s'avance dans la mer; une *presqu'île* ou *péninsule* est une masse de terre entourée d'eau de tous les côtés, sauf un seul; un *isthme* est une langue de terre qui réunit une presqu'île au continent.

III

LES EAUX. — Un *lac* est un amas d'eau douce ou salée, et entourée de terre de tous côtés; un lac très-petit s'appelle un *étang*, et s'il est très-peu profond, un *marécage*.

Un *fleuve* est une eau courante qui se jette dans la mer ou dans un grand lac, après un cours d'une certaine étendue; une *rivière* est une eau courante qui se jette dans un autre cours d'eau, ou même dans la mer, mais qui dans ce cas est d'une longueur médiocre : les petits cours d'eau sont des *ruisseaux* ou des *torrents*.

La *source* d'un cours d'eau est l'endroit où il sort de terre; son *embouchure* l'endroit où il se jette dans la mer; le *confluent* de deux cours d'eau est l'endroit où ils se réunissent; la *rive droite* d'un fleuve ou d'une rivière est celle qui se trouve à droite d'une personne qui les descend; la *rive gauche*, celle qui se trouve à sa gauche.

Un *versant* est une pente ainsi nommée parce qu'elle verse dans une même direction toutes les eaux qui l'arrosent.

Le *bassin* d'une mer est l'ensemble des versants où coulent tous les cours d'eau qu'elle reçoit; celui d'un fleuve l'ensemble des versants arrosés par ce fleuve et ses affluents directs ou indirects.

La *ligne de partage des eaux* ou *ligne de faîte*, est l'arête, la crête, ou le sommet de deux versants opposés.

IV

LES MERS. — Une *mer* est une division de l'Océan; on appelle quelquefois mers des lacs salés d'une très-grande étendue. Un *golfe* est une étendue d'eau qui s'avance dans les terres; un *détroit* est une étendue d'eau resserrée entre deux terres.

Un *courant maritime* est un mouvement permanent ou temporaire qui se produit dans les eaux de la mer sur un espace plus ou moins considérable et qui les entraîne dans une certaine direction.

La *marée* est le gonflement et l'abaissement, ou le *flux* et *reflux* des eaux de la mer qui montent deux fois et qui descendent deux fois par jour.

L'Atmosphère. — L'*atmosphère* est la couche d'air qui enveloppe le globe : les mouvements de l'atmosphère produisent les *vents* et les *tempêtes*; les vapeurs d'eau qui s'y amassent produisent les *pluies*, la *grêle*, la *neige*. La température décroissant à mesure qu'on s'élève dans l'atmosphère, les neiges ne fondent plus au-dessus de 2,700 ou 2,800 mètres dans nos contrées, et forment des *glaciers* en s'accumulant sur les pentes et dans les vallées des hautes montagnes. Les différences de température et de variations atmosphériques constituent les *climats*.

V

Les végétaux et les animaux. — Peu de végétaux ou d'animaux vivent sous tous les climats : l'homme seul est répandu sur toute la surface du globe.

Les races humaines. — Les principales races humaines sont : la *race blanche* ou *caucasique* (Europe, Asie occidentale et méridionale, Afrique septentrionale et pays peuplés par les Européens en Amérique et en Océanie); la *race jaune* ou *mongolique* (Asie orientale et septentrionale, et Océanie); la *race noire* (Afrique et Océanie); la *race rouge* (Amérique).

La population du globe est d'environ 1,400 millions d'habitants.

VI

Géographie politique.

La géographie politique a pour but de décrire : 1° les divisions créées sur la surface du globe par la volonté de l'homme, et qui portent le nom d'*Etats* (espaces déterminés où vivent sous un gouvernement commun des hommes civilisés), de *provinces*, de *départements* (subdivisions d'un Etat); 2° les groupes d'habitations construites par l'homme (villes, bourgs, villages); 3° elle comporte, en outre, des notions générales sur les formes de gouvernement, les langues, les religions, les mœurs et la civilisation des divers groupes d'hommes.

La géographie *économique* a pour but de faire connaître les produits de l'*agriculture* et de l'*industrie*, d'indiquer la nature des échanges qui constituent le *commerce*, et de décrire les voies de communication, *routes, chemins de fer, lignes de navigation, canaux, lignes télégraphiques.*

Questionnaire.

Extraire du résumé les mots écrits en *italiques*, en les faisant précéder d'une formule interrogative. Poser en outre les questions suivantes :

Tous les végétaux et tous les animaux vivent-ils également dans toutes les parties du globe ? — Donner des exemples. — Quelle est la cause de leur inégale distribution ? — Qu'entend-on par climats ? — Quelles sont les causes des différences de climats ? — Qu'appelle-t-on lignes isothermes ? — Quelle est la différence des climats continentaux et des climats maritimes ? — Quelle est dans nos pays la limite des neiges perpétuelles ? Qu'est-ce qu'un glacier ? Quel rôle jouent dans la nature les glaciers et les neiges ? — Quelles sont les principales races humaines ? Indiquer leurs caractères distinctifs et les parties du monde où elles dominent. — Quelle est à peu près la population du globe ?

Quelle différence y a-t-il entre les divisions physiques et les divisions politiques ? — Qu'est-ce qu'une tribu ? Qu'entend-on par *nomade ?* — Qu'est-ce qu'un État ? — Quelles sont les principales formes de gouvernement ? — Quelles sont les principales religions ? Où sont-elles surtout professées ? La géographie doit-elle s'occuper de l'agriculture, de l'industrie et du commerce ? — Expliquer ces mots. — Quelles sont les voies de communication naturelles ou artificielles ? — Qu'est-ce qu'un canal ? — Que signifie géographie économique ?

Exercices.

Reproduire à main levée les figures du livre en les expliquant.

Expliquer par des dessins à main levée les principaux termes de la géographie physique. (Ex. une île, un détroit, etc...) Montrer sur une carte de France ou du département une chaîne de montagnes, une plaine, un fleuve, une île, un lac, etc...

Dessiner au tableau, d'après un canevas, une mappemonde où on indiquera par des lignes droites l'équateur, les tropiques, les cercles polaires, le méridien de Paris. Expliquer l'erreur que l'on commet en représentant ces cercles par des lignes droites.

Montrer sur ce planisphère les cinq parties du monde, et les cinq grandes divisions des mers, les pays habités par les races noires, etc...

LIVRE II

CHAPITRE PREMIER

LES MERS.

PREMIÈRE LEÇON (1).

L'Océan, ainsi que nous l'avons déjà dit, occupe environ les trois quarts de la superficie du globe, et forme une nappe liquide continue, mais où les différentes masses de terres se projettent de manière à y déterminer cinq divisions principales : l'océan Pacifique, l'océan Indien, l'océan Atlantique, l'océan Glacial arctique et l'océan Glacial antarctique.

I

L'océan Glacial arctique commence au cercle po-

Fig. XI. — L'ours blanc (un peu plus grand que l'ours des Pyrénées).

laire et s'étend au nord de l'Amérique, de l'Europe et de l'Asie, jusque dans les solitudes inconnues du pôle.

(1) Comme il est difficile de fixer le nombre de leçons qui doit être consacré à la révision des notions préliminaires, nous n'avons numéroté les leçons qu'à partir du chapitre où commence le cours spécial de sixième.

Il communique librement avec l'océan Atlantique par un large bras de mer entre la Norvége et le Groënland, et par le détroit de *Davis* entre le Groënland et le continent Américain; avec l'océan Pacifique par le détroit de *Behring*. En hiver les mers arctiques ne sont qu'une plaine sans limites, couverte de neiges et de glaces, balayée par les vents du pôle, enveloppée d'éternels brouillards, et que dominent çà et là, comme des îles gigantesques, des montagnes de glace versées à la mer par les glaciers des terres polaires, entraînées à la dérive par les courants et emprisonnées dans les banquises. Les seuls habitants de ces mornes solitudes sont l'ours blanc, le pingouin, le phoque et la baleine qui y cherchent un refuge contre les poursuites de l'homme : pendant de longs mois le soleil disparaît de l'horizon et les aurores boréales illuminent seules la nuit polaire. En été les glaces fondent en partie, les montagnes flottantes reprennent leur course, et les navires peuvent se hasarder dans les parages libres : cependant vers

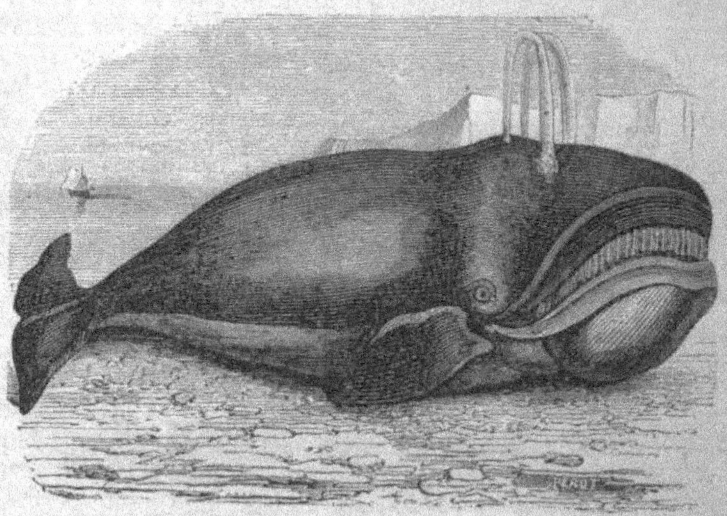

Fig. XII. — Baleine (longueur, 18 à 20 mètres).

le 75e degré de latitude septentrionale, les banquises ou glaces fixes ne fondent plus, et c'est à peine si d'étroits canaux permettent de pénétrer dans ces champs de glaces où aucun navire n'a dépassé encore le 82e degré.

II

L'**océan Glacial antarctique** communique par un espace ouvert avec l'océan Atlantique, l'océan Indien et l'océan Pacifique, au sud de l'Amérique, de l'Afrique et de l'Océanie.

Les glaces fixes y commencent vers le 65e parallèle sud, et bordent d'un rempart infranchissable les côtes du continent austral ; les glaces flottantes descendent jusqu'au 40e parallèle ; les navires baleiniers se risquent seuls dans ces dangereux parages dont les secrets plus intéressants pour la science que pour le commerce n'ont été qu'à demi dévoilés par quelques explorateurs hardis, parvenus jusqu'au 75e degré de latitude méridionale.

III

Le **Grand-Océan** ou **océan Pacifique**, la plus vaste des cinq grandes divisions des mers, est situé entre l'Amérique à l'est, l'Asie à l'ouest et les deux mers polaires au nord et au sud.

Il communique, au nord, avec l'océan Glacial arctique par le détroit de *Behring*, resserré entre l'Amérique et l'Asie ; à l'ouest, avec l'océan Indien par celui de *Malacca*, et par les nombreux passages qui séparent les îles de l'Archipel malais ; au sud du continent de l'Australie, les eaux de ces deux océans se confondent librement.

Les eaux de l'Atlantique et du Grand-Océan se confondent également au cap *Horn*, la pointe la plus méridionale de l'Amérique, et communiquent un peu plus au nord par le détroit de *Magellan*, entre la Terre de Feu et les côtes désertes et sauvages de l'Amérique du Sud.

Outre les oscillations régulières et périodiques connues sous le nom de *marées*, et qui se font plus ou moins sentir dans toutes les mers, nous avons dit plus haut qu'il existe des mouvements locaux, qui emportent les eaux dans certaines directions, mais qui n'agissent pas sur la masse entière de l'Océan. Ce sont les courants, les uns chauds, les autres froids.

Le plus important des courants froids de l'océan Pacifique partant des mers australes et se dirigeant vers le nord glisse le long des côtes de l'Amérique méridionale jusqu'au Pérou, et rafraîchit le littoral occidental.

Un grand courant chaud, qui prend d'abord le nom de *Courant Équatorial* parce qu'il suit presque l'Équateur, court en droite ligne de l'Amérique vers l'Asie, en laissant au sud la masse des archipels et des terres de l'Océanie ; mais brisé par le continent asiatique, il se détourne vers le nord, longe les côtes du Japon, où la couleur sombre de ses eaux lui a fait donner le nom de *Courant noir*, et revient sur lui-même en décrivant un vaste demi-cercle qui semble tracer au navigateur la route de l'Asie aux côtes d'Amérique.

Entre le courant Équatorial et le courant du Japon, s'étend une espèce de lac maritime, couvert d'herbes d'un brun verdâtre qu'on appelle des *algues* ou des *varechs* et qui parfois forment des couches si serrées et si épaisses qu'elles donnent à l'océan l'aspect d'une prairie submergée. On donne à cette partie du Pacifique le nom de mer des Algues ou des *Sargasses*.

Les courants atmosphériques du nord-est (hémisphère boréal) et du sud-est (hémisphère austral), connus sous le nom de *vents alisés* soufflent presque constamment dans l'espace compris entre les deux tropiques.

L'océan Pacifique doit son nom au navigateur portugais *Magellan*, le premier Européen qui explora ces mers inconnues des anciens (1520 après J.-C.) et qui les traversa tout entières sans éprouver une seule tempête ; cependant les côtes de l'Asie, celles de l'Archipel malais sont souvent dévastées par des ouragans et des trombes, connues sous le nom de typhons, dont la violence dépasse celle des plus terribles orages de nos mers européennes.

Les nombreux archipels de la Polynésie disséminés dans l'océan Pacifique, semblent avoir été soulevés isolément par des éruptions volcaniques ou formés lentement par l'exhaussement progressif des bancs de corail dus au travail des polypes ; mais il est facile de reconnaître dans la Mélanésie et la Malaisie une grande chaîne de montagnes, qui forme le prolongement de la presqu'île de Malacca, se dirige de l'ouest à l'est sous le nom d'îles de la Sonde, de Nouvelle-Guinée, de Nouvelle Calédonie, puis incline vers le sud, où elle émerge de nouveau sous le nom de Nouvelle-Zélande. Cette chaîne a pour base un immense plateau sous-marin qui s'étend du continent asiatique au continent de l'Australie et se maintient à une profondeur moyenne de 1,000 à 2,000 mètres au-dessous de la surface des mers, tandis que les profondeurs de l'océan Pacifique descendent jusqu'à 6,000 mètres au sud de l'Australie et au nord-est de l'île de Bornéo.

Une seconde chaîne volcanique, comme la première, longe les côtes d'Asie, en partant de la presqu'île de Kamtchatka

Fig. XLII. — Ile entourée de récifs de corail.

(Sibérie), dont elle est le prolongement, et se dirige du nord au sud sous le nom d'archipel Japonais, d'île Formose, d'îles Philippines et d'île de Bornéo. Enfin le littoral de l'Amérique est également bordé d'une ceinture de volcans qui enveloppent pour ainsi dire le Grand-Océan.

DEUXIÈME LEÇON.

IV

L'**océan Indien** est situé entre l'Asie au nord, l'Afrique à l'ouest, le continent australien à l'est. Il communique avec l'océan Pacifique par de nombreux détroits dont le principal est celui de *Malacca*, et se confond avec l'océan Atlantique, au sud des caps de *Bonne-Espérance* et des *Aiguilles*, en Afrique. Il doit son nom à la presqu'île de l'Indoustan ou des Indes dont il baigne les côtes. Les anciens qui en connaissaient au moins la partie nord-ouest le désignaient sous le nom de mer *Erythrée* ou mer Rouge.

L'océan Indien forme, sur les côtes d'Asie, le golfe du *Ben-*

gale, la mer d'*Oman*, le golfe *Persique* et le golfe *Arabique* ou mer *Rouge*, dont le débouché est le détroit de *Bab-el-Mandeb*.

Tandis que les profondeurs sont considérables dans le sud de l'océan Indien, elles ne dépassent guère une moyenne de 100 mètres dans le golfe Persique et de 200 à 400 dans la mer Rouge.

Trois grandes Presqu'îles : l'*Indo-Chine*, terminée par la presqu'île de *Malacca*, l'*Indoustan* (Dékan), prolongé par l'île de *Ceylan*, et l'*Arabie* s'avancent du nord au sud dans l'océan Indien. Il semble même que les montagnes de l'Indoustan, qui plongent dans la mer au cap *Comorin*, se continuent par une chaîne d'îles et de hauts-fonds jusqu'à la grande île de *Madagascar*, dont la direction est la même que celle des presqu'îles de l'Asie méridionale.

C'est à la situation et à la forme de ces grands promontoires qu'il faut attribuer les perturbations des *courants* maritimes, brisés dans l'océan Indien par l'obstacle que leur opposent l'Indo-Chine, l'Indoustan et les hauts-fonds, et rejetés du nord-est au sud-ouest vers la côte d'Afrique, où ils viennent se heurter contre les courants froids venant du sud, et produisent les tourbillons si fréquents dans les parages du cap de Bonne-Espérance.

Les courants atmosphériques y éprouvent des perturbations non moins sensibles : au nord du 15° degré de latitude S. les vents alisés sont remplacés par des courants périodiques appelés *moussons* ou vents de semestre, qui soufflent du nord-est pendant l'hiver (novembre-avril) et du sud-ouest pendant l'été (mai-octobre).

V

L'**océan Atlantique** doit son nom au mont **Atlas** un des massifs les plus importants de l'Afrique ; il est situé entre l'Europe et l'Afrique à l'est et l'Amérique à l'ouest.

Il communique avec l'océan Glacial par le détroit de *Davis*, au nord-est de l'Amérique, et par un espace ouvert au nord de l'Europe : avec l'océan Pacifique par le détroit de *Magellan* ; il se confond avec l'océan Indien au sud du cap de *Bonne-Espérance*; avec l'océan Pacifique au sud du cap *Horn*. Les anciens n'en connaissaient que la partie occidentale, et le premier navigateur qui l'ait franchi dans toute sa largeur de l'est à l'ouest est Christophe Colomb (1492 après J.-C.), qui découvrit l'Amérique.

L'Atlantique est une immense vallée maritime qui sépare l'Ancien Monde du Nouveau, et qui atteint ses plus grandes profondeurs connues au sud du banc de Terre-Neuve, où elle s'enfonce jusqu'à 7,000 et peut-être jusqu'à 9,000 mètres au-dessous de la surface des mers. Dans cette vaste étendue, c'est à peine si quelques groupes d'îles volcaniques, les *Açores*, les *Madères*, les *Canaries*, semées sur les côtes d'Afrique, rompent l'uniformité de l'Océan.

Sur les côtes septentrionales d'Europe, dans la Baltique, la mer du Nord et la Manche les profondeurs sont peu considérables : la *Péninsule scandinave*, le *Danemark* et les *Iles Britanniques* reposent sur un vaste plateau sous-marin.

Dans la Méditerranée américaine (golfe du Mexique et mer des Antilles), la sonde est descendue jusqu'à des profondeurs de 4,000 mètres, mais les rebords de ce bassin se relèvent rapidement : les *Antilles* forment une barrière qui le sépare de la masse de l'Océan et marquent les points culminants d'une chaîne volcanique qui rattache l'Amérique du Nord à l'Amérique du Sud.

Le Gulf-Stream. — Dans l'océan Atlantique, les *courants* offrent des phénomènes analogues à ceux qu'ils présentent dans l'océan Pacifique. Un courant *froid* venant des mers polaires du sud, se dirige vers le nord jusqu'au golfe de Guinée.

Un courant chaud partant de ce même golfe court de l'est à l'ouest et vient se briser à la pointe orientale du Brésil. Une branche se perd vers le sud ; mais la masse principale se détourne vers le nord-ouest, s'engouffre et se divise dans les canaux des Antilles et dans le golfe du Mexique, en sort sous le nom de *Gulf-Stream* (courant du golfe), par le canal de Bahama, et vient, en longeant les côtes de l'Amérique du Nord et en décrivant un demi-cercle, se perdre entre les Açores, la Norvége et l'Islande, et réchauffer le climat des côtes occidentales de l'Europe.

La partie de l'océan Atlantique qu'embrassent ainsi dans un cercle immense les courants de l'équateur et le Gulf-Stream, est couverte de plantes marines, et porte le nom de mer des Algues, ou mer des *Sargasses* (raisins de mer). C'est une espèce de lac auquel servent de ceinture les eaux chaudes des courants équatoriaux et du Gulf-Stream.

Les *courants polaires* du nord, très-sensibles sur les côtes orientales d'Amérique, emportent jusqu'au sud de Terre-Neuve, des montagnes de glace déversées à la mer par les glaciers des terres polaires et qui s'élèvent parfois à plus de 100 mètres au-dessus des flots.

Les vents *alisés* soufflent dans les parages compris entre les deux tropiques et souvent même au delà de cette limite plus régulièrement encore que dans l'océan Pacifique : la zone des calmes qui s'étend environ sur six degrés de latitude, dans la région de l'équateur, et qui oscille du nord au sud en suivant le mouvement du soleil, est au contraire plus nettement tracée dans le Grand-Océan. Au nord et au sud de la zone des vents alisés règnent des vents dominants du sud-ouest et du nord-ouest qui s'étendent jusqu'à la limite des mers polaires.

TROISIÈME LEÇON.

La Méditerranée. — La Méditerranée européenne, la plus importante des mers secondaires formées par l'océan Atlantique communique avec l'océan par le détroit de *Gibraltar*, resserré entre l'Espagne et l'Afrique et large de 15 kilomètres dans sa partie la plus étroite.

Le niveau de la Méditerranée étant un peu moins élevé que celui de l'Atlantique, un courant rapide déverse par ce détroit les eaux du bassin supérieur.

Quatre grandes presqu'îles s'allongent dans la Méditerranée, l'Espagne, l'Italie et la Péninsule hellénique du nord au sud, l'Asie-Mineure de l'est à l'ouest. Elles dessinent quatre bassins d'étendue inégale :

1° Le premier est celui de la Méditerranée occidentale, enveloppé au sud par l'Afrique, à l'ouest par l'Espagne, au nord par la France, à l'est par l'Italie, la Sicile, et le plateau sous-marin qui la rattache à l'Afrique. Le fond de ce bassin paraît aussi tourmenté que la surface des grandes presqu'îles qui forment la partie méridionale du continent européen ; les îles Baléares, la Sardaigne, la Corse s'y dressent avec leurs massifs montagneux qui ne sont que les sommets de hautes chaînes sous-marines ; et à peu de distance des côtes la sonde atteint des profondeurs de 2,000 à 3,000 mètres.

2° Le second bassin qui s'enfonce entre l'Italie et l'Autriche, par un golfe étroit d'une médiocre profondeur, l'**Adriatique**, est limité au nord par l'Italie, la Péninsule hellénique, l'île de Candie (ancienne Crète), et la chaîne d'îles et de hauts-fonds qui s'étendent entre Candie et l'Asie-Mineure; à l'est par la côte d'Asie, au sud par celle d'Afrique où se creuse en demi-cercle le golfe de la Sidre, l'ancienne mer des *Syrtes*, si redoutée des marins de l'antiquité ; à l'ouest enfin par l'Afrique et le plateau sur lequel reposent les îles de Malte et de Sicile. Ce bassin paraît le plus profond de toute la Méditerranée : au sud de la grande île de Chypre, et au sud-est de celle de Candie, la sonde est descendue à plus de 3,000 mètres et à l'est de Malte elle a atteint les plus grandes profondeurs observées dans la Méditerranée c'est-à-dire, 4000 mètres.

3° Le troisième bassin, celui de l'**Archipel**, est le plus petit et le moins profond, bien que certains sondages aient dépassé 1200 mètres : il est semé de nombreuses îles qui ne sont que les sommets de montagnes escarpées, prolongement des chaînes de l'Asie-Mineure et de la Grèce.

4° Le quatrième bassin, celui de la **mer Noire**, l'ancien Pont-Euxin, entouré par l'Asie-Mineure, la Russie et la Turquie Européenne, communique avec le précédent par une série de détroits resserrés à leurs deux extrémités sous le nom de

Fig. XIV. — Île Julia, volcan sous-marin.

Dardanelles et de *Bosphore* et qui s'élargissent dans leur partie centrale sous le nom de mer de *Marmara* : un courant rapide déverse dans l'Archipel les eaux de la mer Noire dont le niveau est un peu plus élevé. La mer Noire est une sorte de cuvette aux parois abruptes vers le sud et vers l'est, et dont les plus grandes profondeurs dépassent 2,000 mètres.

Tous les volcans en activité de l'Europe sont groupés sur les bords de la Méditerranée : le *Vésuve* en Italie, l'*Etna* en Sicile, le volcan du *Stromboli* dans les îles *Lipari*, au nord de la Sicile ; des îles nouvelles ont même été soulevées par des éruptions sous-marines, dans le détroit qui sépare la Sicile de l'Afrique et surtout dans le sud de l'Archipel.

RÉSUMÉ.

I

Les mers qui occupent les trois quarts de la surface du globe comprennent cinq grandes divisions.

1° L'OCÉAN GLACIAL ARCTIQUE situé au nord de l'Europe, de l'Asie et de l'Amérique, couvert en partie de glaces fixes ou banquises, en partie de glaces flottantes.

2° L'OCÉAN GLACIAL ANTARCTIQUE situé au sud de l'Amérique, de l'Océanie et de l'Afrique, et qui se confond avec la partie méridionale de l'Atlantique, de l'océan Indien et de l'océan Pacifique.

3° L'OCÉAN PACIFIQUE, ainsi nommé par *Magellan*, qui fit le premier voyage autour du monde, est situé entre l'Asie à l'ouest et l'Amérique à l'est : il baigne l'Océanie avec ses innombrables archipels. Il communique avec l'océan Glacial arctique par le détroit de *Behring*. Un courant *chaud* (courant équatorial) se dirige de l'est à l'ouest en passant au nord de la Mélanésie, puis repoussé par les côtes d'Asie, retourne vers l'est sous le nom de courant du *Japon* et vient mourir sur les côtes de l'Amérique septentrionale.

Les *vents alisés* (vents du sud-est au sud de l'équateur, du nord-est au nord de l'équateur) soufflent entre les deux tropiques.

Deux grandes chaînes volcaniques traversent l'océan Pacifique, l'une du nord au sud, l'autre du nord-ouest au sud-est et presque tout le littoral est semé de volcans.

II

4° L'OCÉAN INDIEN est situé entre l'Asie au nord, l'Afrique

à l'ouest et l'Australie à l'est, et communique avec l'océan Pacifique par le détroit de *Malacca*.

C'est surtout dans l'océan Indien que soufflent les moussons du nord-est au sud-ouest pendant l'hiver (novembre-avril), du sud-ouest au nord-est pendant l'été (mai-octobre).

5° L'OCÉAN ATLANTIQUE est situé entre l'Europe et l'Afrique à l'est, l'Amérique à l'ouest.

Il communique avec l'océan Glacial arctique, par le détroit de *Davis*, avec l'océan Pacifique par le détroit de *Magellan*, et forme sur les côtes d'Amérique le golfe du Mexique et la mer des Antilles; sur les côtes d'Afrique, le golfe de Guinée; sur les côtes d'Europe, la mer du Nord, la Baltique et la Méditerranée.

Le courant chaud de l'équateur court de l'est à l'ouest jusqu'au Brésil, s'engage dans la mer des Antilles et le golfe du Mexique, en sort sous le nom de Gulf-Stream, longe les côtes de l'Amérique du Nord, puis se détourne, vers l'est, au sud de Terre-Neuve, et se prolonge jusque sur les côtes d'Europe dont il réchauffe la température.

Les vents alisés y soufflent entre les deux tropiques comme dans l'océan Pacifique.

Chaînes et plateaux sous-marins. Entre l'ancien et le nouveau continent, le fond de l'Atlantique est une immense vallée où n'émergent que quelques points isolés et où on a constaté des profondeurs de près de 9,000 mètres; au nord-ouest de l'Europe s'étend au contraire un vaste plateau sous-marin qui se prolonge jusqu'à l'Islande. Les Antilles sont les sommets d'une chaîne sous-marine qui se prolonge entre l'Amérique du Nord et l'Amérique du Sud.

III

La MÉDITERRANÉE, entourée à l'ouest et au nord par l'Europe, à l'est par l'Asie, au sud par l'Afrique, communique avec l'océan Atlantique par le détroit de Gibraltar, elle forme quatre grands bassins qui sont de l'ouest à l'est: 1° la Méditerranée occidentale avec les grandes îles de Corse, de Sardaigne et de Sicile; 2° la Méditerranée méridionale, au sud de l'Italie, de la Grèce et de la presqu'île d'Asie-Mineure; 3° l'Archipel avec ses innombrables îles; 4° la mer Noire réunie à l'Archipel par le détroit de Constantinople ou Bosphore, la mer de Marmara et le détroit des Dardanelles. La Méditerranée renferme un grand nombre de volcans dont quelques-uns sont sous-marins.

Questionnaire.

Rappeler les grandes divisions des mers. — Qu'entend-on par banquises? — Vers quelle latitude commencent-elles dans les deux mers glaciales? — Jusqu'où descendent les glaces flottantes? — Quels sont les animaux qui vivent dans les mers glaciales? — Quelles sont les limites de l'océan Pacifique, — de l'océan Indien, — de l'océan Atlantique, etc.? — Quels sont les détroits par lesquels l'océan Pacifique communique avec l'océan Indien, — avec l'Atlantique, — avec l'océan Glacial arctique? — N'existe-t-il pas d'autre communication que ces détroits entre l'océan Pacifique et l'océan Indien ou Atlantique? — Qu'entend-on par courants maritimes? — Quelle influence ces courants peuvent-ils exercer sur le climat des continents? — Quels sont les courants les plus connus de l'océan Pacifique, de l'océan Atlantique? — Qu'est-ce que le Gulf-Stream?—Existe-t-il un courant analogue dans l'océan Pacifique?— Qu'est-ce que la mer des Sargasses? — Qu'entend-on par vents alisés? — Dans quelle direction soufflent-ils? — Qu'entend-on par moussons? Dans quelle mer les moussons se font-elles surtout sentir? — Quelles sont les grandes chaînes volcaniques de l'océan Pacifique? Quels sont les caractères que présentent les archipels de l'océan Pacifique? — Quelles sont les plus grandes profondeurs de l'Atlantique? — Quelles sont les grandes divisions de la Méditerranée? — Quels sont les principaux volcans situés sur ses bords? — Qu'est-ce qu'un volcan sous-marin?

Exercices.

Montrer sur un planisphère ou sur un globe muet les océans et les principaux détroits qui les mettent en communication.

Tracer sur un planisphère les courants chauds de l'Atlantique et de l'océan Pacifique.

CHAPITRE II

MONDE CONNU DES ANCIENS.

QUATRIÈME LEÇON.

I

La Méditerranée n'est qu'un lac si on la compare à l'immensité des mers : les terres qui l'entourent ne représentent qu'une bien petite partie des continents, et comme le disait un des plus grands écrivains de l'ancienne Grèce (1) : « Nous » autres qui habitons depuis les bords du Phase (2) jusqu'aux

(1) Platon, dans le dialogue intitulé *Phédon*.

(2) Le Phase est un petit cours d'eau de l'Asie-Mineure, qui se jette dans la mer Noire.

» colonnes d'Hercule, nous ressemblons autour de notre mer » intérieure à des fourmis ou à des grenouilles autour d'un » étang. » C'est cependant ce coin du monde qui a vu naître les premières civilisations, et la Méditerranée est toujours restée le centre du commerce et des connaissances géographiques de l'antiquité.

Les Hébreux. — Pour les plus anciens peuples de l'Orient, les Egyptiens, les Hébreux, les Assyriens, la géographie n'était qu'un ensemble confus de traditions et de légendes. Chacun d'eux considérait le pays qu'il habitait comme le centre du monde, et ne connaissait les peuples voisins que par les récits des marchands et des voyageurs, récits où l'imagination jouait souvent le principal rôle. Les connaissances des Hébreux, telles que nous permettent de les entrevoir les premiers livres de la Bible, s'arrêtaient à l'ouest aux îles de l'Archipel, au nord à la mer Noire, à l'est aux frontières de l'empire assyrien, au sud à celles de l'Arabie et de l'Egypte.

Les Phéniciens. — Les premières grandes explorations sont dues aux Phéniciens (Syrie moderne), aux marchands de **Tyr** et de **Sidon**, qui, du xve au ve siècle avant J.-C. eurent presque le monopole du commerce. Ces intrépides navigateurs, montés sur leurs barques à peine pontées, osèrent s'aventurer dans la Méditerranée, semèrent leurs colonies dans les îles de l'Archipel, en Sicile, sur les côtes de l'Italie, de la *Gaule* (France), de l'Espagne, fondèrent *Carthage*, en Afrique, non loin de la moderne Tunis, franchirent le détroit de Gibraltar que les anciens appelaient les *colonnes d'Hercule* ou le détroit de *Gadès* (Cadix), et s'avancèrent dans l'Atlantique, au sud jusqu'aux îles *Fortunées* (îles Canaries), au nord jusqu'au pays de l'étain (Grande-Bretagne). En même temps, partant des ports de la mer Rouge et du golfe Persique, leurs navires exploraient la mer *Erythrée* (océan Indien), et découvraient l'Inde, le pays des diamants, des bois précieux et des épices.

II

Les Grecs. — Peu à peu les Phéniciens s'effacèrent devant les Grecs qui saisirent à leur tour la royauté des mers et du commerce.

Huit ou neuf siècles avant J.-C., au temps de leur grand poëte Homère, les Grecs ne connaissaient encore que la Grèce et ses iles, le *Pont-Euxin* (mer Noire), l'Asie-Mineure, l'Egypte et une partie de la *Libye* (Afrique septentrionale). Au delà de la Sicile, de l'*Hellespont* (détroit des Dardanelles), des rivages de l'Asie-Mineure et des premières cataractes du Nil, commençait, pour les contemporains d'Homère, le monde des géants, des monstres, des ombres, le pays de l'inconnu, et la terre n'était pour eux qu'un disque entouré de toutes parts par les eaux du fleuve Océan.

Avec l'historien grec Hérodote (ve siècle avant J.-C.) naissent à la fois l'histoire et la géographie positives. Les bornes du monde ont reculé ; les noms d'Europe, d'Asie et de Libye (plus tard Afrique), sont déjà employés pour désigner les trois parties de l'ancien continent. Les Grecs ont visité l'Italie, la Gaule méridionale, l'Espagne : ils ont semé leurs colonies sur tout le littoral de la Méditerranée : Syracuse (en Sicile), Tarente (en Italie), Marseille (en Gaule), sont déjà fondées : les navires grecs ont franchi, sur les traces des Phéniciens, les colonnes d'Hercule et pénétré dans l'Atlantique.

Au nord, au delà de l'*Ister* (Danube), les caravanes ont sillonné le pays des *Scythes* et des *Sarmates* (Russie moderne) jusqu'aux bords du Volga et de la Caspienne dont Hérodote connaît la forme et la situation. En Asie, ses connaissances s'étendent jusqu'à l'Indus et jusqu'aux montagnes de la *Bactriane* (Turkestan moderne) : en Afrique les prêtres égyptiens et les marchands lui ont révélé sur le cours supérieur du Nil, sur l'*Ethiopie* (Abyssinie et Nubie modernes), sur le grand désert et ses oasis, mille détails dont les voyageurs modernes ont pu constater l'exactitude, et lui ont appris que les Phéniciens avaient fait le tour de la Libye en partant de la mer Rouge et en revenant par le détroit de Gadès.

Vers la même époque, le Carthaginois Hannon explorait les côtes occidentales de l'Afrique jusqu'au Sénégal, limite extrême des connaissances de l'antiquité.

L'extension des colonies grecques, les expéditions des Grecs en Asie, la conquête de l'empire des Perses par Alexandre, les explorations dans l'océan Indien encouragées par des rois d'Egypte d'origine grecque, les Ptolémées, portèrent les connaissances géographiques du côté de l'orient au point qu'elles ne devaient jamais dépasser, pendant la période antique, c'est-à-dire jusqu'à la *Chersonèse d'Or* (presqu'île de Malacca?), à la vallée du Gange et aux monts *Emodes* (Himalaya) et *Imaüs* (monts Célestes), au delà desquels s'étendaient les régions

MONDE CONNU
DES ANCIENS
Vers la fin du IVe Siècle
après J.C.
Frontières de l'Empire romain en 395 après Jésus-Christ.
Echelle (pour le centre).
OCÉAN ATLANTIQUE
AFRIQUE
Désert de Libye (Sahara)
Ethiopie
Egypte
Arabie
SARMATIE
SCYTHIE (TURCO MONGOLS)
Pays des Sères
INDE
MER ERYTHRÉE
OCÉAN INDIEN
Gaule
Hispanie
Tripolitaine
EMPIRE DES PERSES

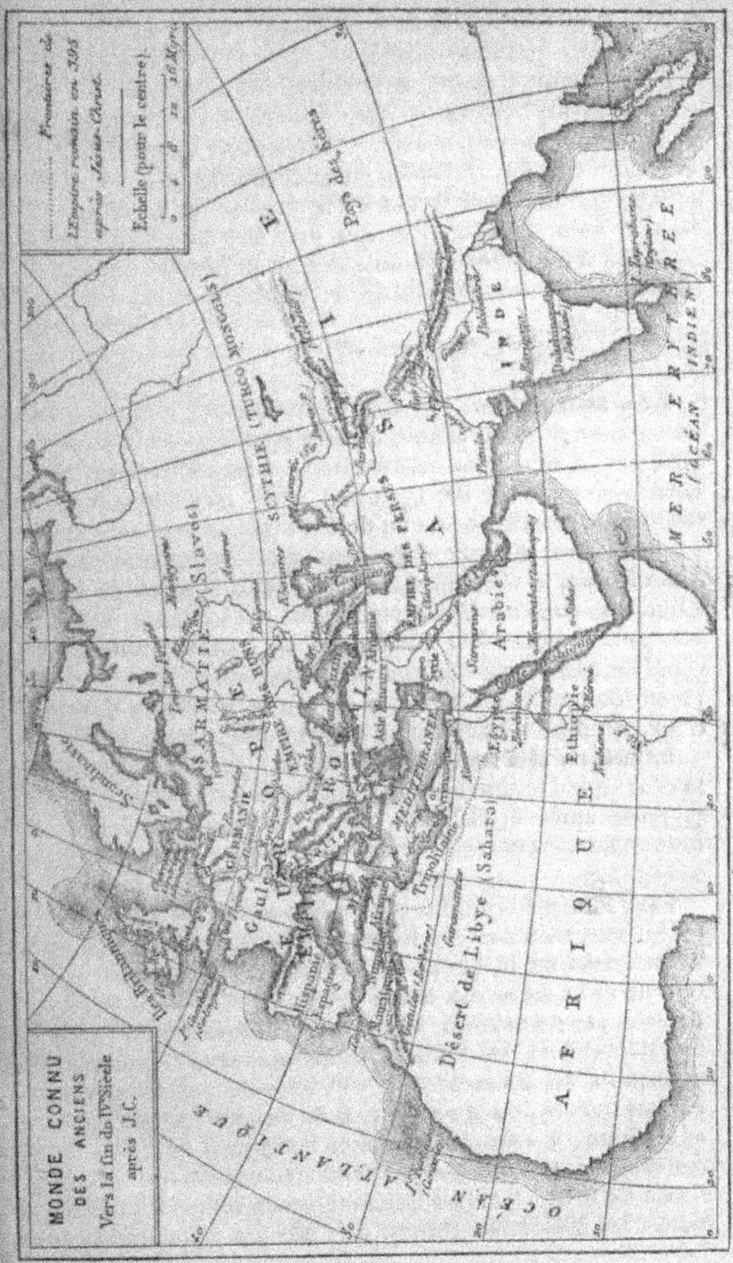

Carte V.

à demi fabuleuses de la *Sérique* (Chine), le pays de la soie, et de la *Scythie asiatique* (Sibérie).

Peu de temps avant Alexandre, les Grecs de Marseille avaient atteint également, dans le nord de l'Europe, le terme où l'antiquité devait s'arrêter. Après avoir côtoyé l'Espagne, la Gaule et l'île d'*Albion* (Grande-Bretagne), ils avaient abordé sur une côte froide et brumeuse qu'ils désignèrent sous le nom de *Thulé*, et qui doit être le groupe des îles Shetland ou la presqu'île du Jutland, et pénétré dans la Baltique, au delà des bouches de la Vistule.

III

Les Romains. — Les conquêtes des Romains firent mieux connaître l'Espagne, la Gaule, la Grande-Bretagne, et plus tard la *Germanie* (Allemagne), et les contrées situées au nord des Alpes et du Danube, mais n'étendirent pas les limites du monde ancien au delà des points extrêmes atteints par les Grecs. Le grand géographe du premier siècle après Jésus-Christ, le Grec *Strabon*, n'ajoute à l'œuvre de ses prédécesseurs que des détails plus exacts sur les Indes, sur l'Arabie, sur le nord de l'Afrique où on entrevoit peut-être le cours du Niger, sur l'Europe septentrionale où la Scandinavie passe toujours pour une île, et sur la Scythie d'Europe et d'Asie qu'il ne connaît guère mieux qu'Hérodote.

Limites du monde ancien. — Le dernier mot de la géographie antique est l'œuvre du Grec Ptolémée (fin du IIe siècle après J.-C.), dont les cartes et le catalogue géographique sont regardés comme classiques jusqu'à la fin du moyen âge.

Pour Ptolémée comme pour Strabon les bornes du monde connu sont : au nord, la terre mystérieuse de *Thulé*, la partie méridionale de la péninsule scandinave considérée comme une île et le cours du *Rha* (Volga) en Europe, les régions habitées par les Scythes (steppes du Turkestan et de la Sibérie méridionale) en Asie ; à l'est la *Sérique* et la *Chersonèse d'or* (presqu'île de Malacca) ; au sud les solitudes inconnues de l'océan Indien, la région des grands lacs et le bassin du Niger en Afrique ; à l'ouest les espaces inexplorés de l'Atlantique. Au delà de ces limites le prétendu continent qui rattachant l'Asie à l'Afrique aurait fait de l'océan Indien une Méditerranée, les régions inconnues de l'Afrique équatoriale s'étendant indéfiniment vers l'ouest rentrent dans le domaine des fables, et n'ont jamais été regardés même par les anciens que comme des suppositions qui ne s'appuyaient sur aucune preuve certaine.

RÉSUMÉ.

Le monde connu des anciens.

Les PHÉNICIENS furent le premier peuple qui osa entreprendre de longues navigations. Ils explorèrent toutes les côtes de la Méditerranée où ils fondèrent de nombreuses colonies, entre autres Carthage, en Afrique, et pénétrèrent dans l'Atlantique et l'océan Indien.

Les GRECS et les CARTHAGINOIS succédèrent aux Phéniciens. Les premiers complétèrent l'exploration de la Méditerranée et de la mer Noire, découvrirent la Scandinavie, parcoururent l'océan Indien : les seconds s'avancèrent sur les côtes d'Afrique jusqu'au Sénégal.

Les conquêtes des ROMAINS firent connaître l'Europe centrale et septentrionale, mais sans reculer les limites déjà atteintes par les Grecs. Au IVe siècle après Jésus-Christ les bornes du monde connu étaient au sud : le grand désert de Libye (Sahara), le cours supérieur du Nil, et l'océan Indien; à l'est la Chersonèse d'or (presqu'île de Malacca), et le pays des Sères (Chine); au nord la Scythie asiatique (Turkestan) et européenne (Russie), la mer Baltique et l'île de Thulé (îles Shetland); à l'ouest l'Atlantique.

Questionnaire.

Quelles étaient les connaissances géographiques des Hébreux? — Quel fut le premier peuple navigateur? — Quel est le nom moderne de la Phénicie? — Quelle a été la plus grande colonie phénicienne? — Quels étaient les pays connus des Grecs au temps d'Homère? — au temps d'Hérodote? — Quel nom donnaient-ils à l'océan Indien? — Quels sont les points extrêmes atteints par les navigateurs grecs et carthaginois dans l'Atlantique? — Les anciens avaient-ils entendu parler de la Chine? — Quelles étaient les limites du monde connu des Romains?

LIVRE III

L'ANCIEN ET LE NOUVEAU CONTINENT MOINS L'EUROPE

CHAPITRE PREMIER

ANCIEN CONTINENT. ASIE.

CINQUIÈME LEÇON.

Description physique.

I

Les continents. — Les terres occupent environ le quart de la superficie du globe, et nous avons déjà remarqué que leur masse dans l'hémisphère austral, est trois fois moins considérable que dans l'hémisphère boréal.

Les géographes admettent cinq grandes divisions dans la masse des terres : l'Europe, l'Asie et l'Afrique, qui se tiennent et qui forment l'*Ancien Continent*, le seul que l'antiquité ait connu, bien qu'imparfaitement ; l'Amérique qui forme le *Nouveau Continent* inconnu des anciens et découvert en 1492; et l'Océanie, qui comprend, outre un véritable continent, l'*Australie*, une multitude d'îles disséminées dans l'océan Pacifique, et qui forme en quelque sorte un monde insulaire et maritime.

Grandes divisions de l'Asie. — On peut diviser l'Asie en 13 grandes régions :

1°-7° A l'**ouest**, l'Arabie, la Turquie d'Asie, les Provinces russes du Caucase, la Perse, le Turkestan, l'Afghanistan et le Béloutchistan ;

8° Au **centre**, le Turkestan chinois ou Kaschgarie et les steppes du plateau central ;

9° et 10° Au **sud**, l'Indoustan et l'Indo-Chine ;

11° et 12° A l'**est**, l'Empire chinois et le Japon ;

13° Au **nord**, la Sibérie.

Situation. — L'Asie est située entre le 24° degré de longitude orientale et le 172° de longitude occidentale, entre le 1er et le 78° de latitude septentrionale.

Limites. — Ses limites générales sont :

Au *nord*, l'**océan Glacial arctique** ;

A l'*est*, le détroit de *Behring* (1), qui la sépare de l'Amérique, et l'**océan Pacifique** ;

Au *sud*, le détroit de *Malacca* et l'**océan Indien** ;

A l'*ouest*, le détroit de *Bab-el-Mandeb*, entre l'Arabie et l'Afrique, la mer *Rouge*, l'isthme de *Suez*, la mer **Méditerranée**, l'*Archipel*, le détroit des *Dardanelles*, la mer de *Marmara*, le détroit de *Constantinople*, la mer *Noire* ; le Caucase, la mer *Caspienne*, le fleuve Oural, les monts Ourals et le golfe de Kara, qui séparent l'Asie de la Russie d'Europe.

Superficie. — La superficie du continent et des îles qui en dépendent est d'environ 43 millions de kilomètres carrés. L'Asie est donc près de quatre fois et demie plus considérable que l'Europe.

Sa plus grande longueur du nord au sud (du cap Nord-Est, en Sibérie, au cap Romania, presqu'île de Malacca), est de 8,000 kilomètres ; sa plus grande largeur, du détroit de Behring à l'isthme de Suez, est de 10,500 kilomètres.

II

Les mers et le littoral.

Océan Glacial arctique. — Les côtes septentrionales de l'Asie, baignées par l'océan Glacial depuis le golfe de *Kara* jusqu'au *Cap Oriental*, sur le détroit de Behring, sont en général basses, découpées par des golfes profonds, couvertes de tourbières gelées et enveloppées de brouillards éternels. Elles sont habitées par quelques tribus errantes qui viennent y pêcher le phoque ou recueillir l'ivoire provenant des dépouilles d'éléphants et de rhinocéros qui appartenaient à des races aujourd'hui éteintes, et que les courants ont emportés sur ces côtes désertes où le froid a conservé quelques-uns de ces animaux tout entiers pendant des milliers d'années. Au nord du golfe de Kara, s'allongent deux grandes îles, appelées *Nouvelle-Zemble*, visitées de loin en loin par quelques navires baleiniers, mais sans habitants et presque sans végétation. Entre le cap *Nord-Est*, le point le plus septentrional de l'Asie, et le cap *Oriental*, est situé l'archipel de *Lia-*

(1) Behring était un navigateur du XVIIIe siècle, d'origine danoise, qui a découvert le détroit.

khoff ou *Nouvelle-Sibérie*, îles inhabitées, glacées et perdues dans les solitudes des mers Arctiques.

Fig. XV. — Phoque (longueur 1 à 2 mètres).

Océan Pacifique. — L'océan Glacial communique avec l'océan Pacifique par un canal profond à peine de 100 mètres, le détroit de *Behring*, qui sépare l'Asie de l'Amérique septentrionale.

Depuis le détroit de *Behring* jusqu'au cap *Lopatka*, à l'extrémité de la presqu'île montagneuse et volcanique du *Kamtchatka*, l'océan Pacifique prend, sur les côtes de Sibérie, le nom de mer de **Behring**, puis s'enfonce, sous le nom de mer d'**Okhotsk**, entre le Kamtchatka et le littoral sibérien, et baigne le groupe volcanique des îles *Kouriles* et la grande île rocheuse de *Sagalien* ou *Tarrakaï*, séparée du continent par le détroit du même nom. C'est dans ces mers lointaines que s'est réfugiée la baleine et que s'acharnent à l'y poursuivre les pêcheurs américains.

Au sud des îles Kouriles et dans la direction du nord au sud, se prolonge un archipel au sol volcanique et fertile, coupé par une chaîne de hautes montagnes, arrosé par de nombreuses rivières, le *Japon*, avec ses deux grandes îles, *Yéso*, séparée de l'île Sagalien par le détroit de *la Pérouse* (1),

(1) La Pérouse, navigateur français du XVIIIe siècle, explora une partie de l'océan Pacifique et périt en Océanie.

Niphon, séparée d'Yéso par le détroit de *Tsoungar*, de la presqu'île de *Corée* par le détroit de *Corée*, et deux îles plus petites, *Sikhofk* et *Kiou-Siou*, situées au sud de Niphon.

Entre l'archipel Japonais et les côtes de la Sibérie et de la Corée, s'étend une sorte de Méditerranée, la mer du **Japon**, orageuse, à peine explorée et longtemps infestée par des pirates qui disparaissent lentement devant la surveillance européenne.

Entre la presqu'île rocheuse de Corée et les côtes basses et à demi inondées de la Chine s'enfonce, sous le nom de **mer Jaune**, un golfe vaseux, ensablé par les alluvions des fleuves.

Au sud du Japon et de la Corée, l'océan Pacifique prend, sur le littoral asiatique, le nom de **mer de Chine**, et baigne l'archipel fertile de *Lieou-Kieou*, la grande île *Formose*, partagée par un massif de montagnes volcaniques, et l'île de *Haï-nan*, montagneuse au midi, plate et humide au nord, située entre la Chine et l'Indo-Chine, à l'entrée du golfe de *Tonkin*. Les côtes de la Chine, tantôt rocailleuses et escarpées, tantôt sablonneuses et marécageuses, surtout à l'embouchure des fleuves, sont presque partout bordées de bancs de sable et souvent dévastées par ces terribles ouragans qui, sous le nom de typhons soulèvent l'océan Pacifique.

Le littoral de l'Indo-Chine, bordé de montagnes depuis le golfe de Tonkin jusqu'aux bouches du fleuve *Meï-Kong*, s'abaisse sur les bords du golfe de *Siam*, puis se relève dans la longue et étroite presqu'île de *Malacca*, l'ancienne *Chersonèse d'or*, qui se termine par le cap *Romania*, et que le détroit de Malacca sépare de l'île de *Sumatra*, l'une des plus vastes de l'Océanie.

Océan Indien. — L'océan Pacifique communique avec l'océan Indien par le détroit de *Malacca*. C'est dans cet océan que règnent surtout les vents périodiques nommés *moussons*.

L'océan Indien s'enfonce entre l'Indo-Chine et l'Indoustan sous le nom de golfe du **Bengale**, mer orageuse, souvent bouleversée par les trombes ou *cyclones*, et qui baigne les îles *Nicobar* et *Andaman*, à l'ouest de la presqu'île de Malacca, et la grande île de **Ceylan**, la *Taprobane* des Grecs, située au sud de l'Indoustan, dont elle est séparée par un détroit embarrassé de bancs de sables et fameux par la pêche des huîtres perlières, le détroit de *Palk*. Les rivages, assez élevés dans la presqu'île de Malacca, bas et humides dans l'Indo-

Chine occidentale, marécageux dans l'immense delta du Gange (Indoustan proprement dit), sont plats, bordés de récifs et de bancs de sables, sans ports, et inabordables aux gros navires sur la côte de *Coromandel*, qui forme le littoral oriental de la presqu'île triangulaire du *Dékan* (Terre du Midi), baignée, à l'est, par le golfe du Bengale, à l'ouest par la mer d'Oman et terminée par le cap *Comorin*.

Au sud-ouest du Dékan, l'océan Indien bat les archipels rocheux des *Maldives* et des *Laquedives*; puis, sous le nom de mer d'**Oman,** dessine la côte occidentale du Dékan (*côte de Malabar*), avec ses rades nombreuses et sûres, et ses formidables escarpements; enfin, il baigne, au nord, le delta sablonneux de l'Indus et les rivages arides du Béloutchistan; au nord-ouest, depuis le cap *Ras-el-Had* jusqu'au golfe d'*Aden*, les côtes escarpées et inhospitalières de l'Arabie méridionale.

La mer d'Oman communique par le détroit d'*Ormuz*, entre l'Arabie et la Perse, avec le golfe **Persique,** bassin hérissé d'écueils, de bancs de sables, d'îles rocheuses, bordé de côtes sablonneuses et insalubres; par le détroit de *Bab-el-Mandeb* (*Porte des Larmes*), entre l'Arabie et l'Afrique, avec la mer **Rouge,** long et étroit canal embarrassé de récifs et terminé au nord par deux golfes que sépare la presqu'île du *Sinaï*. C'est entre ces deux mers que s'avance l'Arabie, presqu'île carrée, aux côtes arides et monotones, et dont la lourde structure contraste avec la charpente légère et les innombrables découpures de nos presqu'îles européennes.

Mer Méditerranée et mer Noire. — La mer Rouge est séparée de la Méditerranée par un isthme étroit et sablonneux, l'isthme de *Suez*.

La **Méditerranée** baigne, sur le littoral de la Turquie d'Asie, la grande île de *Chypre*, avec ses montagnes couronnées de forêts et ses côtes couvertes de plantations de coton, de vignes et d'oliviers.

Elle forme l'**Archipel,** où sont semées les îles de *Rhodes*, de *Samos*, de *Chio*, de *Mételin* l'antique Lesbos, et communique par le détroit des *Dardanelles* (ancien *Hellespont*), la mer de *Marmara* (ancienne *Propontide*), et le *Bosphore* avec la mer **Noire**. C'est entre la Méditerranée au sud, l'Archipel à l'ouest et la mer Noire au nord, que s'avance la presqu'île de l'**Asie-Mineure**, bordée sur les côtes de la mer Noire d'une ceinture de forêts et de rochers; sur celles de l'Archipel de plages fertiles, de golfes capricieux, de promontoires où quelques ruines éparses rappellent seules les antiques et puissantes cités de l'Ionie; sur celles de la Méditerranée, depuis le golfe de *Satalie* jusqu'à celui d'*Alexandrette*, par de hautes falaises qui plongent dans la mer leurs murailles escarpées.

SIXIÈME LEÇON.

III

Relief du sol. Montagnes, Plateaux et Plaines.

Plateau central. Les monts Célestes et Altaï. — La charpente du continent asiatique est dessinée par trois grands plateaux qui s'élèvent en amphithéâtre de l'ouest à l'est.

Le plus oriental et le plus vaste occupe à peu près le centre du continent et a reçu des géographes le nom de plateau central.

Cette masse de hautes terres est coupée, de l'est à l'ouest, par une chaine de montagnes volcaniques dont les sommets ont plus de 6,500 mètres, et qui porte le nom de monts **Célestes** (monts *Imaüs* des anciens). Ces montagnes forment la limite méridionale d'une région de hautes plaines sillonnées de quelques chaînes rocheuses et qu'enveloppent : à l'est, les montagnes de la Chine septentrionale, au nord, les monts *Sayansk* et **Altaï** (monts de l'Or), à l'ouest, les rameaux de l'Altaï et des monts Célestes.

Les plateaux de la Mongolie et du Haut-Turkestan. — Ce plateau septentrional, élevé en moyenne de 1,400 à 1,500 mètres, est la *Mongolie*, la *Terre des herbes*, comme l'appellent les Chinois, steppe immense où errent des troupeaux de chevaux, de chameaux et de moutons à l'état sauvage, et que parcourent les caravanes russes ou chinoises et les hordes nomades des Mongols. Le versant méridional des monts Célestes domine une plaine inclinée vers l'est qui porte, dans sa partie occidentale cultivée, semée de grands lacs sans écoulement et arrosée par plusieurs cours d'eau, le nom de *Turkestan chinois*; dans sa partie orientale, déserte, pierreuse ou sablonneuse, tour à tour brûlée par le soleil ou ensevelie sous la neige, celui de désert de *Gobi*.

Les plateaux du Thibet. — Au sud du Turkestan chinois et du grand désert se dresse une triple barrière de

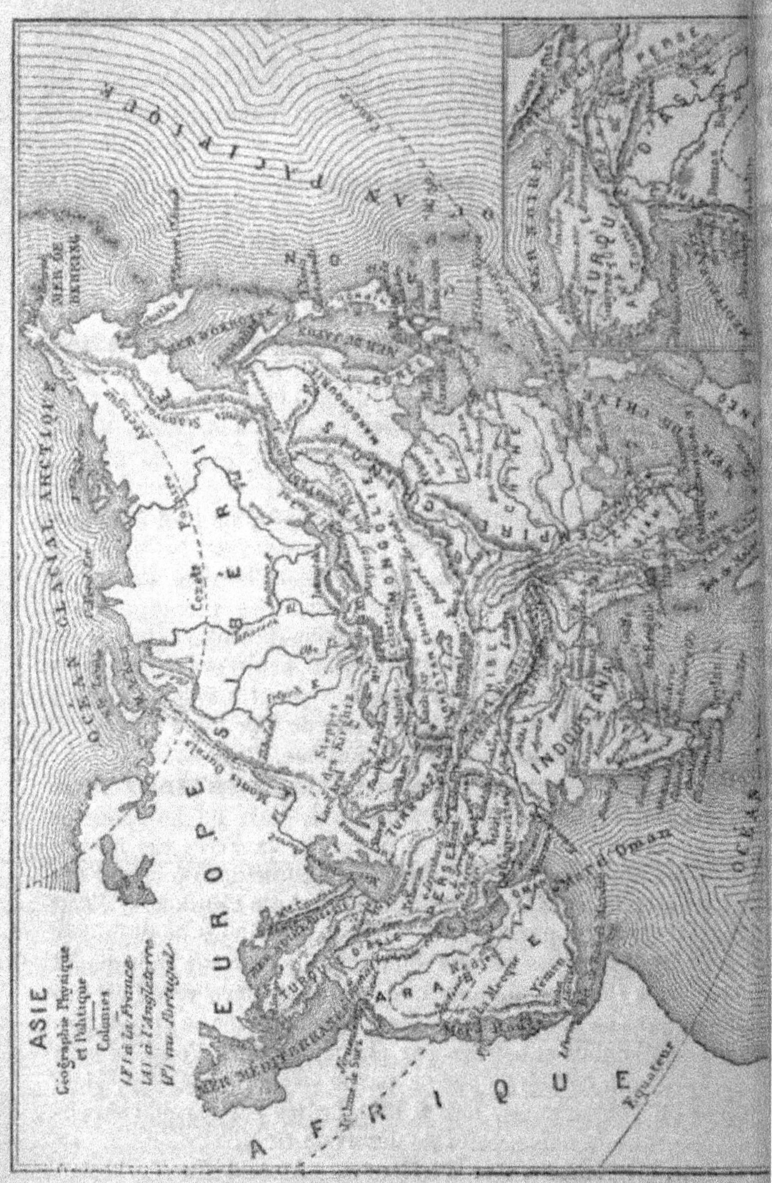

ASIE
Géographie Physique
et Politique
Colonies
OCÉAN GLACIAL ARCTIQUE
OCÉAN PACIFIQUE
EUROPE
AFRIQUE
SIBÉRIE
INDOUSTAN
MER MÉDITERRANÉE
Mer d'Oman
Équateur

Carte VI.

montagnes qui courent dans une direction à peu près parallèle du nord-ouest au sud-est.

La chaîne la plus septentrionale, le **Kouen-Loun**, dont les sommets ne dépassent pas 7,000 mètres, est séparée de la chaîne centrale, le **Kara-Korum** (montagnes noires), groupe confus qui dresse ses plus hautes cimes à une hauteur de 8,600 mètres, par le plateau du Thibet, le plus élevé du globe. Le Thibet est une plaine monotone, d'une élévation moyenne de près de 4,000 mètres, au climat glacé en hiver et brûlant en été, sans eau, si ce n'est quelques lacs salés, sans arbres et sans verdure.

Les troupeaux de moutons, de chèvres et de bœufs à longs poils (yacks ou bœufs grognants), sont la principale ressource des habitants.

Les monts Himalaya. — Les hautes terres sont limitées, au sud, par une chaîne gigantesque, l'**Himalaya** (demeure de la neige), les monts *Emodes* des anciens, chaos de cimes dénudées, de pics neigeux, d'immenses glaciers que n'a jamais foulés le pied de l'homme, de vallées étroites où mugissent les torrents, et qu'ombragent des forêts de pins, de chênes, de sycomores.

L'Himalaya, qui domine au nord les hautes et froides vallées du Thibet, plonge, au sud, dans les plaines de l'Inde par de brusques escarpements dont les premières pentes, bordées d'une lisière de marécages, sont couvertes de palmiers, de grenadiers, de plantes tropicales, auxquelles succèdent à mesure qu'on s'élève, les cultures des pays tempérés, les sombres bois de sapins, les pâturages alpestres, enfin les glaciers et les neiges éternelles.

Les sommets de l'Himalaya sont *les plus élevés du globe* : le mont *Everest* ou *Gaurisankar* a 8,840 mètres, presque le double du mont Blanc : le *Pic neigeux,* au nord-est de la vallée de Cachemire et le *Kinchinjunga*, 8,600 mètres, le *Davalagiri,* 8,200 mètres, et une centaine de pics dépassent 7,000 mètres.

A leur extrémité orientale, le Kouen-Loun et l'Himalaya viennent se confondre dans les massifs neigeux du pays de **Kou-Kou-Nour** (pays du lac Bleu), espèce de Suisse asiatique, dont les glaciers et les neiges alimentent les plus grands fleuves du versant du Pacifique.

A l'ouest, les chaînes du Thibet, l'Himalaya et les monts Célestes, se confondent également, dans un énorme massif, le plateau ou nœud de **Pamir**, élevé de 4,000 à 5,000 mètres, et que les Orientaux ont surnommé le *Toit du monde*.

Les plaines de Sibérie et de Chine. — Au pied de l'Altaï et des monts Sayansk s'étendent vers le nord, dans le versant de l'océan Glacial, des forêts de bouleaux et de sapins, séjour de la martre et de l'hermine et des autres animaux à fourrures, des steppes marécageux, couverts de mousse, souvent glacés et qui portent le nom de *toundras*, des plaines immenses qu'arrosent les grands tributaires des mers arctiques, et que sillonnent quelques lignes de hauteurs dont deux seulement méritent une mention. La première se détache du talus septentrional du plateau central et sous les noms de monts de *Daourie*, de monts *Jablonnoï* (montagnes aux pommes), longs plateaux semés de mamelons aux formes arrondies, et de monts *Stanovoï* va finir aux caps Oriental et Lopatka. La seconde se détache des monts Altaï et se prolonge jusqu'à l'Oural par les *Montagnes des Marmottes* et par des groupes confus qu'interrompent des plateaux sablonneux.

A l'*est* et au *sud-est*, se prolongent jusqu'à l'**océan Pacifique** les ondulations des riches et vastes plaines de la *Chine*

Fig. XVI. — Tigre (longueur du museau à la queue, plus de 2 m.)

et de l'*Indo-Chine* orientales, sillonnées par les ramifications des montagnes du Thibet et de l'Himalaya qui couvrent la Chine méridionale, une partie de l'Indo-Chine et dessinent l'arête de la presqu'île de Malacca.

Plaines de l'Indoustan. Plateau du Dékan. — Au *sud*, se déroulent au pied de l'Himalaya, comme un immense tapis de verdure, les plaines basses de l'*Indoustan* septentrional, coupées çà et là de déserts sablonneux ou de steppes qui portent le nom de *jungles*, et dont les herbes sont des bambous hauts de vingt mètres, sous lesquels se cachent le tigre et la panthère. Plus loin s'allonge, dans l'océan Indien, entre le golfe du Bengale et la mer d'Oman, le plateau triangulaire du *Dékan*, dessiné, au nord, par les monts *Ouindhia*, à l'ouest et à l'est, par la double chaine des *Ghates*, et dont la pente est inclinée vers le golfe du Bengale.

Dépression du Turkestan. — A l'*ouest*, les dernières pentes du plateau central plongent dans un bas-fond, le *Turkestan* ou *Touran*, coupé de quelques vallées fertiles, mais en partie couvert de sables rougeâtres et où dort, à un niveau inférieur à celui de la mer Noire, la mer **Caspienne**, séparée du lac d'**Aral** (lac des Aigles), par des plateaux sans eau et sans végétation.

Plateau de la Perse. — Le second des grands plateaux, celui de la **Perse** ou de l'**Iran**, est en partie sablonneux, aride, semé de lacs salés, formé comme le précédent, de hauteurs confuses ou de plaines élevées qui leur servent de base. Il est rattaché au nœud du Pamir par la large chaine de l'*Hindou-Kouch* (Caucase Indien), et dessiné, au nord, par les monts du *Khorassan* et les monts *Elbourz*, qui plongent par des pentes escarpées dans la mer Caspienne ; à l'ouest, par les montagnes de l'*Arménie* et du *Kurdistan*, qui longent la vallée du Tigre; au sud, par des gradins surmontés de groupes isolés qui bordent le littoral du golfe Persique et de la mer d'Oman ; à l'est, enfin, par les monts *Soliman*, qui forment la ceinture occidentale de la vallée de l'Indus.

Plateau de l'Asie-Mineure. Le Taurus. — Le troisième plateau, celui de l'Asie-Mineure ou de l'*Anatolie* (pays du Levant), séparé du précédent par les plaines de la Mésopotamie et de la Babylonie qu'arrosent l'Euphrate et le Tigre, s'y rattache cependant par le massif des montagnes de l'**Arménie**, que domine le mont *Ararat* (5,250 mètres), et qui se lient par leurs ramifications septentrionales au système du Caucase. Enveloppé par les chaînes sauvages du **Taurus**, couvert de maigres pâturages ou de steppes salins et sablonneux, sillonné par des collines volcaniques, le plateau de l'Asie-Mineure est légèrement incliné vers la mer Noire, où se déversent ses principaux cours d'eau.

Le Liban. — Du Taurus méridional se détache, vers le sud, une chaîne puissante divisée en deux rameaux : l'un, le **Liban,** couronné de forêts de cèdres, longe le littoral de la Méditerranée, dessine les sinuosités de la côte et va finir à la pointe du *Sinaï* ; l'autre, l'*Anti-Liban* (point culminant 4,800 mètres), trace la limite occidentale d'un véritable océan de sable, le *désert de Syrie*, encadre de ses rameaux la dépression profonde où dort la *mer Morte*, à 390 mètres au-dessous du niveau de la Méditerranée, et va se perdre dans les sables de l'Arabie.

Plateau de l'Arabie. — Un quatrième plateau plus aride encore que les trois autres, celui de l'Arabie, dont la pente septentrionale va mourir dans le *désert de Syrie,* s'avance entre le golfe Persique et la mer Rouge, couvert de steppes et de sables, desséché par un soleil ardent, et sillonné de hauteurs confuses qui plongent par des talus à pic dans l'océan Indien. Les plantes et les animaux sont presque ceux du désert africain, l'aloës, le cactus, l'autruche, le lion, la gazelle, qui habitent sur la lisière du désert.

SEPTIÈME LEÇON.

IV

Versants et Bassins. Fleuves et Lacs.

Divisions en versants et bassins. — L'Asie se divise en quatre versants maritimes : ceux de l'océan Glacial au nord, de l'océan Pacifique à l'est, de l'océan Indien au sud et de la mer Méditerranée à l'ouest. Elle renferme de plus un immense bassin intérieur subdivisé en une foule de bassins secondaires qui occupent la surface des différents plateaux ou des dépressions de l'Asie centrale, occidentale et méridionale.

Versant de l'océan Glacial. — Le versant de l'océan Glacial, dessiné à l'ouest par les monts *Ourals*, au sud par les steppes élevés des *Kirghiz*, le système de l'*Altaï*, les hautes terres de la *Mongolie* ; à l'est par les monts de la *Daourie*, les plateaux des *Jablonnoï* et les monts *Stanovoï* jusqu'au cap Oriental, est arrosé par d'immenses cours d'eau inconnus des anciens, l'**Obi** (4,300 kil.) et son principal affluent, l'*Irtych*, qui prennent leur source dans l'Altaï et

Profil de l'Asie (d'après Ewald) (1) 1° de Trébizonde à Caboul

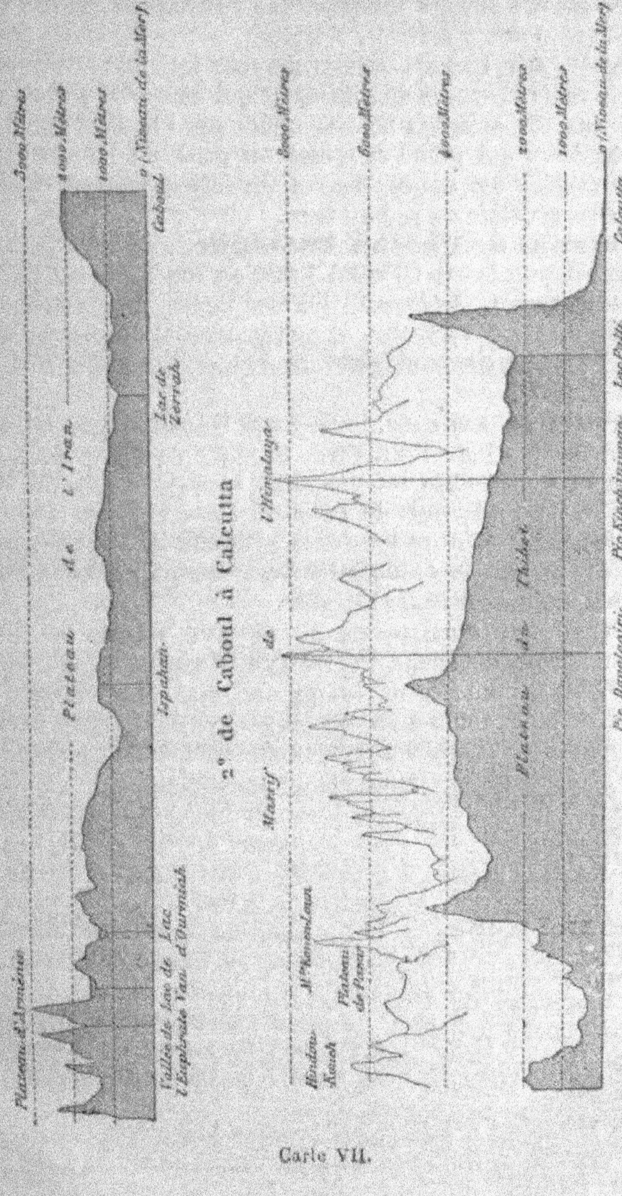

(1) L'échelle horizontale est de $\frac{1}{18,800,000}$: les hauteurs sont exagérées par rapport aux longueurs dans la proportion de 120 à 1

Carte VII.

traversent des steppes marécageux; l'**Iénisseï** (5,500 kil.) dont le plus grand affluent, l'*Angara*, sert de déversoir au lac **Baïkal** (mer Riche), espèce de mer intérieure aux eaux douces mais chargées de bitume et qui nourrit des phoques, bien que ces animaux ne remontent pas l'Iénisseï; la *Léna* (4,200 kil.), qui prend sa source au nord du lac Baïkal et coule comme les autres fleuves du même versant dans la direction générale du sud au nord.

Versant de l'océan Pacifique. — Ce versant est dessiné depuis le cap Oriental jusqu'au cap Romania par les monts *Stanovoï*, *Iablonnoï*, les montagnes de *Daourie*, les steppes élevés des *Khalkas*, le revers oriental du plateau central, les montagnes neigeuses du Thibet, les monts de *Siam* et de *Malacca*.

Le fleuve Amour. — Il reçoit l'*Anadyr*, tributaire de la mer de Behring, l'**Amour**, *Sagalien* ou fleuve Noir, qui prend sa source dans les monts de Daourie, coule du sud-ouest au nord-est, puis de l'ouest à l'est, enfin se détourne vers le nord et vient se jeter dans le détroit de *Tarrakaï* après un cours de plus de 4,500 kilomètres presque tout entier navigable malgré les bancs de sable.

Le fleuve Jaune et le fleuve Bleu. — Dans la mer *Jaune* débouche le **fleuve Jaune** ou *Hoang-ho* (4,000 kil.), immense torrent qui naît dans les montagnes du Kou-Kou-nour, roule à travers les plaines de la Chine septentrionale ses eaux bourbeuses et jaunâtres, et dont l'embouchure s'est déplacée plusieurs fois depuis un siècle.

La mer de Chine reçoit le *Yang-Tsé-Kiang* ou **fleuve Bleu** (5,000 kil.) qui naît dans le massif du Kou-Kou-nour, et dont les eaux larges et profondes peuvent encore porter de gros navires à 1,000 kilomètres de la mer.

Le Meï-Kong. — Les montagnes de la Chine méridionale donnent naissance au *Si-Kiang* ou **Tigre** de Canton, et au *Song-Koï* ou *fleuve Rouge* qui se jette dans le golfe du Tonkin; enfin dans le golfe de Siam débouche le **Meï-Kong** ou rivière du Cambodge qui sort du massif du Kou-Kounour, et traverse du nord au sud la Chine méridionale et l'Indo-Chine.

Le Meï-Kong a été exploré presque jusqu'à sa source par une expédition française sous les ordres de M. de Lagrée et de M. Garnier, qui les premiers l'ont remonté au delà des frontières de l'Indo-Chine.

Versant de l'océan Indien. — Le versant de l'océan Indien est déterminé à l'est par les monts de *Malacca*, de *Siam* et du *Laos*; au nord par les monts du *Thibet* oriental, les *Montagnes Noires* (Karakorum), le massif de l'*Hindou-Kouch*, les chaînes qui dessinent le revers oriental, méridional et occidental du plateau de la Perse et les montagnes d'*Arménie*; à l'ouest par le système du *Taurus*, celui de l'*Anti-Liban* et les plateaux de l'Arabie.

L'Iraouaddi, le Brahmapoutre, le Gange. — Dans le golfe du Bengale se jettent le *Salouen* et l'**Iraouaddi** qui coulent du nord au sud et descendent, le premier du massif du Thibet oriental, le second des montagnes de la Birmanie. Le **Brahmapoutre** prend sa source sur le revers septentrional de l'Himalaya, coule de l'ouest à l'est sous le nom de *Yarou-Dzang-Bô*, puis franchit par une gorge profonde, l'extrémité orientale de la chaîne, se détourne vers le sud et vient confondre ses bouches avec celles du Gange. Le **Gange**, le fleuve sacré de l'Inde (2,500 kil. navigables), qui sort du revers méridional de l'Himalaya, coule du nord-ouest au sud-est, reçoit à droite la *Djemma*, à gauche la *Gogra* et forme à son embouchure un immense delta couvert de marécages : le *Godavèry*, la *Kistna* et le *Cavèry* sortent des Ghates de l'ouest et coulent vers le golfe du Bengale sur les plateaux inclinés du Dékan.

L'Indus. — La mer d'Oman ne reçoit qu'un cours d'eau considérable, le *Sind* ou **Indus**, dont le bassin est séparé de celui du Gange par des déserts de sable. Le fleuve et son principal affluent, le *Sutledje*, prennent leur source sur le revers septentrional de l'Himalaya, coulent d'abord à l'ouest, puis s'ouvrent à travers les montagnes une brèche étroite et se détournent vers le sud. Le cours sinueux de l'Indus, le peu de profondeur de son lit sablonneux et souvent desséché en été, l'insalubrité de son delta opposent de sérieux obstacles à la navigation.

Le Tigre et l'Euphrate. — Les eaux des montagnes d'Arménie viennent se réunir dans deux grands fleuves, le **Tigre**, profond et rapide, qui coule presque directement du nord-ouest au sud-est, et l'**Euphrate** qui naît au pied du mont *Ararat*. Il coule d'abord de l'est à l'ouest, puis décrit un demi-cercle, franchit par une double cataracte les derniers gradins des plateaux d'Arménie, se déroule lentement dans une vaste plaine, l'ancienne *Babylonie*, aussi inculte aujourd'hui qu'elle était autrefois fertile et bien cultivée : enfin il vient se confondre avec le Tigre et sous le nom de *Chat-el-Arab* se déverse dans le *golfe Persique* par trois bouches ensablées et à peine navigables.

Méditerranée et mer Noire. — Le versant de la Méditerranée et de la mer Noire, limité par le *Liban* et les chaînes orientales du *Taurus*, celles de l'*Arménie* et du *Caucase*, n'est arrosé que par des torrents dont les noms célèbres dans l'antiquité ont disparu sous des formes modernes, l'*Oronte* et le *Cydnus* qui se précipitent, l'un du Liban, l'autre du Taurus dans le golfe d'Alexandrette ; le *Méandre* et l'*Hermus* qui se jettent dans l'Archipel, le *Granique* dans la mer de Marmara ; le *Kizil-Irmack* (fleuve Rouge), l'ancien *Halys*, et le *Rion*, l'ancien *Phase*, dans la mer Noire.

Mer Caspienne et lac d'Aral. — Le bassin de la mer Caspienne et du lac d'Aral, limité en Asie par les steppes des *Kirghiz*, la pente occidentale des monts *Célestes*, les plateaux de *Pamir* et de l'*Hindou-Kouch*, les monts du *Khorassan*, les monts *Elbourz*, les chaînes de l'*Arménie* et le *Caucase*, est arrosé par deux grands cours d'eau tributaires du lac d'Aral, qui traversent du sud-est au nord-ouest les plaines du Turkestan et qui descendent, l'un du plateau de Pamir sous le nom d'*Amou-Daria* (fleuve Noir, ancien *Oxus*), l'autre des derniers rameaux des monts Célestes sous le nom de *Syr-Daria* (fleuve Blanc, ancien *Iaxartes*).

La Caspienne qui recevait autrefois l'Amou-Daria, n'a plus pour affluents dans le Turkestan et en Perse que des torrents ou des fleuves desséchés pendant une partie de l'année ; mais la pente méridionale du Caucase y verse un cours d'eau plus important, le *Cyrus* ou *Kour*, grossi de l'*Aras* (ancien *Araxe*) qui naît au pied du mont *Ararat*.

Mer morte, Jourdain. — La dépression où dort la mer Morte, grand lac aux eaux profondes, si denses que le corps humain y flotte, si chargées de bitume qu'elles ne nourrissent aucun être vivant, se continue vers le nord entre les deux chaînes du Liban par la vallée marécageuse du *Jourdain*, le principal affluent de cette petite mer intérieure.

Lacs des plateaux d'Arménie et de Perse. — Les hauts plateaux de l'Asie-Mineure et de l'Arabie renferment un certain nombre de lacs aux eaux amères et saumâtres où viennent aboutir des lits de torrents presque toujours à sec.

Les deux grands lacs du plateau d'Arménie, ceux de *Van* et d'*Ourmiah*, les lacs du plateau de la Perse, dont le plus considérable, celui de *Zerrah*, reçoit une rivière longue de 600 kilomètres ; les innombrables lagunes des steppes des Kirghiz et de la Sibérie méridionale sont également saturés de sel ou de matières bitumineuses : il en est de même de la plupart des lacs situés sur le revers occidental du plateau central, l'*Yssik-Koul* (lac Bouillant), enveloppé par les rameaux des monts *Célestes*, le *Balkach* qui reçoit le grand fleuve *Ili*, etc.

Lacs du plateau central. — Le plateau central renferme un très-grand nombre de lacs d'eau douce ou d'eau salée, sans écoulement, et dont plusieurs sont alimentés par de véritables fleuves tels que le *Tarim* qui se jette dans le lac *Lob*, situé dans une dépression du plateau, au pied des monts Célestes. Le *Kou-Kou-nour* (lac Bleu), le lac *Tengri* (lac du Ciel), le lac *Palti* sur les plateaux du Thibet, sont situés à une altitude presque égale à celle du mont Blanc.

HUITIÈME LEÇON.

Leçon de révision. Productions. Population.

V

Configuration générale de l'Asie. — Au lieu d'être découpée et pénétrée de tous côtés par la mer comme l'Europe, l'Asie est massive ; ses presqu'îles mêmes sont lourdes et compactes : pour une superficie quadruple de celle de l'Europe, c'est à peine si le développement de ses côtes est le double de celui de notre littoral européen. Dans l'intérieur s'élèvent des montagnes gigantesques, s'étendent des déserts de sables, des steppes stériles, d'immenses marécages : aussi la difficulté des communications a-t-elle toujours empêché le commerce et la civilisation de se développer chez les peuples de l'intérieur du continent ; les pays riches et civilisés sont ceux de la côte, accessibles aux étrangers et dont le sol même est en général plus fertile.

Climat et productions. — L'Asie qui s'étend sur 78 degrés de latitude, réunit tous les climats et toutes les productions. Elle est partagée en deux grandes zones par une ligne qui, partant de l'archipel japonais, descendrait vers le sud-ouest en traversant obliquement l'empire chinois, longerait les monts Célestes, le cours du Syr-Daria, la mer Caspienne et le Caucase. Dans la zone septentrionale, le pays des neiges et des longs hivers, croissent l'orge, l'avoine, les forêts de sapins et de bouleaux, et vivent l'ours blanc, le loup, le renne, la martre, les animaux à fourrures. Sur la limite des deux régions ou sur les plateaux d'une élévation moyenne réussissent le froment, les plantes et les arbres des climats tempérés : la zone méridionale, où la chaleur est constante et qui ne connaît que deux saisons, la saison sèche et la saison pluvieuse, produit le riz et le maïs, le jute ou chanvre indien, les fruits des tropiques, le thé (Chine méridionale et centrale et Japon méridional), la canne à sucre, le café, les épices et les aromates qui sont indigènes en Asie, les gommes, le pavot à opium, l'indigo, les graines oléagineuses, le cotonnier, les forêts de cèdres, de palmiers et de bambous, richesses inépuisables que le sol prodigue presque sans culture aux habitants de ces heureuses contrées.

Tous les animaux domestiques de l'Europe, le bœuf, le mouton, la chèvre, le cheval, les oiseaux de basse-cour, sont répandus depuis la zone où vit le renne jusqu'aux limites de l'Asie méridionale. Le chameau qui peut supporter même les plus rudes hivers des hauts plateaux, l'éléphant qu'on ne trouve guère en Asie que dans l'Indoustan et l'Indo-Chine sont précieux comme bêtes de somme. Le ver à soie est originaire de l'Asie orientale; l'autruche vit dans les déserts d'Arabie et de Syrie comme dans ceux d'Afrique. Malheureusement les animaux nuisibles, le lion en Arabie, le tigre dans les Indes, la panthère, le crocodile, les reptiles venimeux abondent comme les animaux utiles.

Les productions minérales de l'Asie sont peu connues et peu exploitées; cependant tous les minéraux depuis le fer jusqu'au diamant s'y trouvent en abondance; pour tirer parti de ces richesses, il ne manque que des capitaux, de l'intelligence ou des bras.

Population. Races principales. — L'abaissement de la race humaine en Asie contraste avec la vie si large et si puissante de la nature. Il semble que sur ce sol fécond l'homme seul soit condamné à dépérir. Depuis quatre mille ans l'Asie a vu les empires s'écrouler les uns après les autres, les peuples se mêler, les invasions se succéder; elle a vu naître les premières sociétés régulières, elle a versé tour à tour sur l'Europe les grandes émigrations qui l'ont peuplée, mais toutes les civilisations qui ont fleuri sur ce sol, berceau des races européennes, ont disparu en ne laissant que des ruines, ou si elles ont résisté au temps et aux barbares, elles se sont endormies, et pour ainsi dire pétrifiées comme celles de l'Inde et de la Chine dans une immobilité qui exclut tout progrès.

La population de l'Asie, évaluée à plus de 750 millions d'habitants, dont plus de 420 pour la Chine et de 250 pour l'Indoustan, appartient à deux grandes races : à l'ouest et au sud la **race blanche** qui comprend les populations de la *Turquie d'Asie*, de l'*Arabie*, de la *Perse*, du *Turkestan*, de l'*Afghanistan* et d'une partie de l'*Indoustan*.

A l'est, au nord et au sud-est la **race jaune** ou **mongolique** qui comprend les populations indigènes de la *Sibérie*, de la *Chine*, du *Japon* et de l'*Indo-Chine*.

RÉSUMÉ.

Géographie physique de l'Asie.

V

BORNES. L'Asie a pour bornes au nord, l'*océan Glacial arctique* ; à l'est, le détroit de Behring et l'*océan Pacifique*; au sud, l'*océan Indien*; à l'ouest, la mer Rouge, l'isthme de Suez, la *Méditerranée*, l'Archipel, la mer Noire, le Caucase, la mer Caspienne, le fleuve Oural et les monts Ourals.

La SUPERFICIE du continent est de 43 millions de kilomètres carrés.

MERS SECONDAIRES. L'*océan Pacifique* forme la mer de Behring, la mer d'Okhotsk, la mer du Japon, la mer Jaune, la mer de Chine, le golfe de Siam.

L'*océan Indien* forme le golfe ou mer du Bengale, la mer d'Oman, le golfe ou mer Persique, la mer Rouge.

La *Méditerranée* forme l'Archipel, la mer de Marmara, la mer Noire.

LES PRINCIPAUX DÉTROITS sont : *entre l'océan Glacial et l'océan Pacifique*, le détroit de Behring; *entre la mer du Japon et la mer Jaune*, le détroit de Corée; *entre l'océan Pacifique et l'océan Indien*, le détroit de Malacca ; *entre la mer d'Oman et le golfe Persique*, le détroit d'Ormuz; *entre la mer d'Oman et la mer Rouge*, le détroit de Bab-el-Mandeb ; *entre l'Archipel et la mer de Marmara*, le détroit des Dardanelles; *entre la mer de Marmara et la mer Noire*, le détroit de Constantinople ou Bosphore.

LES PRINCIPALES ILES sont dans l'*océan Pacifique*, les îles

Kouriles, l'île Sagalien, l'Archipel japonais, l'île Formose, l'île Haï-nan.

Dans l'*océan Indien*, les îles Nicobar et Andaman, Ceylan, les îles Maldives et Laquedives.

Dans la *Méditerranée* et l'*Archipel*, Chypre, Rhodes, Chio, Samo, Métélin.

Les GRANDES PRESQU'ILES sont l'Anatolie, dans la *Méditerranée;* l'Arabie, le Dékan, l'Indo-Chine (presqu'île de Malacca), dans l'*océan Indien;* la Corée, le Kamtchatka, dans l'*océan Pacifique.*

Les PRINCIPAUX CAPS sont, dans l'*océan Glacial*, le cap Nord-Est (Sibérie).

Dans l'*océan Pacifique*, le cap Oriental, le cap Lopatka (Sibérie), le cap Romania (Indo-Chine).

Dans l'*océan Indien*, le cap Comorin (Dékan), le Ras el Had (Arabie).

VI

PLATEAUX ET CHAÎNES DE MONTAGNES. 1° Le plateau central est limité au nord par les monts Altaï et Sayansk, d'où se détachent vers le nord-est les monts de la Daourie, les monts Iablonnoï et Stanovoï; à l'ouest par le plateau de Pamir et les monts Célestes; au sud par les monts du Thibet, d'où se détachent les monts Himalaya, les plus élevés du globe (Gaurisankar, 8,840 mètres); à l'est par les monts du Thibet oriental et de la Chine. Le plateau central en partie occupé par le désert de Gobi, est traversé de l'est à l'ouest par les monts Célestes.

2° Le plateau de l'Iran est formé au nord par les monts Hindou-Kouch, du Khorassan, Elbourz et les monts d'Arménie (mont Ararat), à l'ouest par les monts du Kurdistan, au sud par ceux de la Perse, à l'est par les monts Soliman.

3° Le plateau de l'Anatolie est enveloppé par le Taurus et l'Anti-Taurus, d'où se détache vers le sud la chaîne du Liban.

Au sud de l'Asie se prolongent les deux grands plateaux de l'*Arabie* et du *Dékan*.

Les régions de plaines basses sont la Sibérie occidentale et septentrionale, le nord de la Chine, l'Indoustan septentrional, la Babylonie et le Turkestan.

VII

Les PRINCIPAUX FLEUVES sont : 1° Dans le *versant nord* (*océan Glacial*), l'Obi, l'Iénisseï, la Léna (Sibérie).

2° Dans le *versant est* (*océan Pacifique*), l'Anadyr, l'Amour (Sibérie), le fleuve Jaune, le fleuve Bleu, le Tigre de Canton (Chine), le Meï-Kong (Indo-Chine).

3° Dans le *versant sud* (*océan Indien*), le Salouen, l'Iraouaddi (Indo-Chine), le Brahmapoutre, le Gange, l'Indus (Indoustan), le Chat-el-Arab formé du Tigre et de l'Euphrate (Turquie d'Asie).

4° Dans le *versant ouest* (*mer Noire*), le Kizil-Irmack (Turquie d'Asie).

5° Dans le bassin intérieur de la *Caspienne*, le Kour ; et dans celui du *lac d'Aral*, le Syr-Daria et l'Amou-Daria.

Les PRINCIPAUX LACS sont les lacs Baïkal, Balkach (Sibérie), Lob, Koukou-nour (plateau central), Zerrah (Afghanistan, plateau de l'Iran), Van et Ourmiah (plateau de l'Arménie), la mer Morte (Turquie d'Asie), qui reçoit le Jourdain.

VIII

(Leçon de révision.)

CLIMATS. VÉGÉTAUX ET ANIMAUX CARACTÉRISTIQUES. Le climat de l'Asie froid dans le nord et sur les hauts plateaux, brûlant au midi est moins tempéré que celui de l'Europe. Les contrées méridionales ne connaissent que deux saisons, celle de la sécheresse et celle des pluies. Les végétaux de la zone froide sont le sapin, le bouleau, l'orge, l'avoine, ceux de la zone chaude sont les diverses espèces de palmiers, les gommiers, les bambous, le riz, le café, la canne à sucre, les épices, l'indigo, le coton. Le thé réussit surtout dans la région tempérée de l'Asie orientale.

Les animaux de la zone froide sont : le renne, les animaux à fourrures, l'ours blanc, le loup, le phoque, etc.

Ceux de la zone chaude sont : le lion (Arabie), le tigre, l'éléphant, le singe, l'autruche, les reptiles de toute espèce, le crocodile.

Ceux de la zone intermédiaire et des plateaux, le chameau, le yack, l'antilope.

Nos animaux domestiques peuvent vivre dans toute l'Asie sauf dans les régions les plus septentrionales ; le ver à soie est originaire de l'Asie orientale.

La POPULATION est de 750 millions d'habitants.

PRINCIPALES RACES. I. Au nord, à l'est et au sud-est domiminent les *races jaunes* ou *mongoliques* (Sibérie, Chine, Japon, Indo-Chine).

II. Au sud et à l'ouest, les *races blanches* (Turquie d'Asie, Arabie, Perse, Turkestan, Afghanistan, Indoustan).

Questionnaire.

I. Quelles sont les bornes de l'Asie? — Quelle en est la superficie? — Quelles en sont les grandes divisions? — Quelles sont les mers qui la baignent? — Indiquer pour chacune de ces mers la nature du littoral; — les caps — presqu'îles — îles — golfes — détroits. — Quelles sont les grandes pêches de l'océan Glacial? — de l'océan Pacifique? — De l'océan Indien?

II. Où est situé le plateau central et quelles sont les chaînes de montagnes qui l'entourent? — Quelles sont les montagnes les plus élevées du continent asiatique? — Indiquer les autres plateaux les plus importants et les chaînes qui les dessinent. — Quels sont les pays de plaines? — Quels sont les déserts les plus vastes? — Quels sont les pays de steppes?

III. En combien de versants peut-on diviser l'Asie? — Énumérer les principaux fleuves de chaque versant. — Indiquer pour les plus importants la source, la direction générale.

IV. La configuration de l'Asie présente-t-elle plus d'avantages que celle de l'Europe? — Quelles sont les divisions de l'Asie au point de vue du climat? — Quelles sont les productions spéciales à chaque région? — Indiquer quelques-unes de ces productions qui ne se trouvent pas en Europe. — Nommer quelques-uns des animaux caractéristiques. — Quelle est la population de l'Asie? — A quelles races appartient-elle? — Quelles sont les parties de l'Asie où domine la race blanche.

Exercices.

Tracer au tableau, d'après une carte murale, le contour de l'Asie.

Indiquer, sur une carte muette, les grands plateaux et les principales chaînes de montagnes; tracer le cours des fleuves les plus importants.

Tracer le profil de l'Asie du cap Nord-Est aux bouches du Gange d'après une carte en relief (1).

CHAPITRE II

GÉOGRAPHIE POLITIQUE DE L'ASIE.

NEUVIÈME LEÇON.

Région de l'ouest.

I

L'**Arabie** est un plateau au climat brûlant, sans grands cours d'eau, couvert en partie de déserts et de steppes,

(1) Voir la carte en relief de l'Asie, par MM. Pigeonneau et Drivet.

et situé entre la Turquie d'Asie au nord, la mer Rouge à l'ouest, la mer d'Oman au sud et le golfe Persique à l'est. Elle est partagée entre des tribus indépendantes et diverses dominations indigènes ou étrangères.

Les villes principales sont à l'ouest, la *Mecque* et *Médine*, fameuses par la naissance et le séjour du prophète arabe Mahomet et *Moka* sur la mer Rouge, autrefois le principal entrepôt des cafés. Ces villes appartiennent à la Turquie, maîtresse du *Hedjaz* et de l'*Yémen*, que les anciens appelaient *Arabie Pétrée* et *Arabie Heureuse* et qui occupent l'ouest et le sud-ouest de la péninsule.

Aden, sur le détroit de Bab-el-Mandeb, appartient aux Anglais, qui se sont établis également dans la petite île de *Périm*, au milieu du détroit et qui sont ainsi les maîtres de l'entrée de la mer Rouge.

Mascate, sur le détroit d'Ormuz, est la capitale d'un état qui porte le nom d'*Oman*. Le centre de l'Arabie, le *Nedjed*, forme également un royaume indépendant dont *Ryad* est la capitale.

La population est de 4 à 6 millions d'habitants musulmans fanatiques et en partie nomades ; les dattes, le café, l'encens, la gomme, les chevaux, les plumes d'autruche sont les principales productions.

II

La **Turquie d'Asie**, qui fait partie de l'empire Ottoman, est située entre la mer Noire au nord, l'Archipel et la Méditerranée à l'ouest ; l'isthme de Suez, l'Arabie, le golfe Persique au sud ; la Perse et la Transcaucasie à l'est et au nord-est. Elle comprend le plateau de l'Anatolie ou Asie-Mineure, celui de l'Arménie, la vallée du Tigre et de l'Euphrate (anciennes *Mésopotamie*, *Babylonie*, et *Assyrie* aujourd'hui Kurdistan), et la région du Liban connue sous le nom de *Syrie*. Les îles de *Chypre* dans la Méditerranée, de *Rhodes*, de *Chio*, de *Samos*, de *Mételin* (ancienne *Lesbos*) dans l'Archipel dépendent de la Turquie d'Asie.

Les villes principales sont les ports de *Trébizonde* sur la mer Noire, de *Smyrne* (160,000 h.) sur l'Archipel, une des métropoles de l'antique Ionie et le principal entrepôt du commerce de l'Asie-Mineure ; de *Beyrouth* (100,000 h.) sur la Méditerranée au pied du Liban, héritière déchue des grandes villes phéniciennes *Tyr* et *Sidon*, qui ne sont plus que des bourgades ; *Mossoul* et *Bagdad*, sur le Tigre dans la région où s'élevait autrefois la puissante *Ninive*, la rivale de *Babylone*, *Damas* (150,000 h.), *Alep*, *Antioche*, et *Jérusalem*, en *Syrie*.

La population est d'environ 10 millions de musulmans et 4 millions de chrétiens, grecs, arméniens et syriens, schismatiques ou catholiques.

La Turquie d'Asie produit le coton, la soie, les laines, les huiles d'olives, les graines oléagineuses, les fruits (figues et raisins), le tabac, et exploite de riches mines de cuivre. On pêche des éponges sur les côtes de Syrie.

III

La **Transcaucasie**, possession russe entre le Caucase au nord, la mer Caspienne à l'est, la Perse et la Turquie d'Asie au sud, et la mer Noire à l'ouest, a pour capitale *Tiflis*, sur le Kour, tributaire de la mer Caspienne.

C'est un pays fertile, sauf dans la région la plus montagneuse, peuplé d'environ 4 millions d'habitants chrétiens et musulmans, appartenant à la race blanche et parlant des langues d'origines très-diverses.

IV

La **Perse** (ancien pays des Mèdes et des Perses), état indépendant, situé entre la Transcaucasie, la mer Caspienne, le Turkestan au nord, l'Afghanistan, le Béloutchistan à l'est, le golfe Persique au sud, la Turquie d'Asie à l'ouest est un plateau en partie stérile et couvert de déserts parcourus par des nomades. La capitale est *Téhéran*, au pied des monts Elbourz.

Les villes principales sont : *Ispahan* au sud-ouest et *Tauris* au nord-ouest (110,000 h.), sur le plateau.

La population est de 5 à 6 millions d'habitants musulmans et de race blanche.

Les principales productions de la Perse sont la soie, le coton et les laines.

V

Le **Turkestan** (ancienne *Bactriane* et ancienne *Sogdiane*), est une plaine dominée au sud par le massif de l'Hindou-Kouch et des monts du Khorassan, à l'est par le plateau de Pamir et les ramifications des monts Célestes, au nord par les steppes des *Kirghiz*, et située entre la Sibérie au nord, le

Turkestan chinois à l'est, l'Afghanistan et la Perse au sud, et la mer Caspienne à l'ouest. Les bords du lac d'Aral et la vallée du Syr-Daria sont occupés par les Russes qui se sont emparés des anciens khanats ou royaumes de *Tachkend*, de *Khiva* et de *Khokand*; la plus grande partie de la vallée de l'Amou-Daria par l'état indépendant de *Boukhara*; les bords sablonneux de la Caspienne par des tribus nomades de Turcomans insoumis.

La population est de 6 à 8 millions d'habitants de race blanche ou de race mongolique, musulmans fanatiques.

VI

L'**Afghanistan** est un plateau sablonneux au sud et à l'ouest, fertile, accidenté et bien arrosé au nord et à l'est, et situé entre le Turkestan au nord, l'Indoustan à l'est, le Béloutchistan au sud et la Perse à l'ouest. Il est divisé en deux régions principales qui ne forment plus qu'un seul état : *Hérat*, au nord-ouest avec une ville du même nom, et *Afghanistan* dont la capitale est *Caboul*, sur un affluent de l'Indus.

Ce pays, habité par 5 ou 6 millions de musulmans, est dominé par l'influence anglaise.

VII

Le **Béloutchistan**, entre l'Indoustan à l'est, la mer d'Oman au sud, la Perse à l'ouest et l'Afghanistan au nord, est une région sablonneuse habitée par des tribus nomades qui reconnaissent pour la plupart le protectorat anglais.

La seule ville de quelque importance est *Kélat*, sur les plateaux.

Région méridionale.

I

L'**Indoustan**, situé entre l'empire Chinois (Thibet) au nord, l'Indo-Chine et le golfe du Bengale à l'est, l'océan Indien au sud, la mer d'Oman et l'Afghanistan à l'ouest, comprend au nord le bassin du Gange et de l'Indus, dominé par la chaîne de l'Himalaya, au sud, le plateau du Dékan.

L'Indoustan, dont la superficie est sept fois plus considérable que celle de la France, est partagé entre diverses dominations. 1° Les *colonies françaises*, *Chandernagor*, dans le delta du Gange, *Pondichéry*, *Karikal* et *Yanaon*, sur le golfe du Bengale, *Mahé* sur la mer d'Oman, ne sont plus qu'un souvenir du grand empire que la compagnie française des Indes orientales avait fondé au XVIIIe siècle. 2° Les *colonies portugaises*, Goa et Diu sur la côte occidentale du Dékan (côte de Malabar), ne sont également que les débris de l'empire qu'avaient fondé aux Indes les conquérants Portugais du XVIe siècle.

3° Les *possessions anglaises* comprennent : la Présidence du Bengale, capitale *Calcutta* (890,000 h.), sur le Gange, fondée au XVIIIe siècle, résidence du gouverneur-général : v. pr. *Bénarès* sur le Gange, *Delhi* sur la Djemma et *Lahore* dans le bassin de l'Indus : la Présidence de Bombay, capitale *Bombay* (650,000 h.), sur la côte de *Malabar* : la Présidence de Madras, capitale *Madras* (400,000 h.), sur la côte de *Coromandel* ; enfin l'île de Ceylan, capitale *Colombo*. 4° Les *États vassaux* de l'Angleterre et qui conservent encore leurs rois indigènes, sont le Dékan, au sud ; le Népaul, le Cachemire, dans les hautes vallées de l'Himalaya ; 5° Parmi les *États indépendants* : le seul qui mérite une mention, est le Boutan, dans l'Himalaya.

La population est d'environ 250 millions d'habitants, brahmanistes, musulmans et bouddhistes, dont plus de 240 millions soumis directement ou indirectement à l'Angleterre.

L'Inde, un des plus anciens empires civilisés, et aujourd'hui la plus riche des colonies britanniques, produit le riz, le café, la canne à sucre, le poivre, le coton, le jute ou chanvre indien, l'indigo, l'opium, les graines oléagineuses, la soie, les laines, l'ivoire, les bois précieux, les diamants, les perles, le salpêtre. On y fabrique les châles de Cachemire et des étoffes de coton et de soie qui ne peuvent plus lutter aujourd'hui contre la concurrence européenne.

II

L'**Indo-Chine**, entre l'empire Chinois au nord, l'océan Pacifique à l'est et au sud, l'océan Indien et l'Indoustan à l'ouest, est divisée en : 1° *Possessions anglaises* à l'ouest, villes principales : *Rangoun* sur l'Iraouaddi, *Malacca* sur le détroit du m me nom, *Singapour* dans une île, à l'entrée du détroit ; 2° *Birmanie* indépendante au nord-ouest, capitale *Mandalay* sur l'Iraouaddi ; 3° *Royaume de Siam*, au centre, capitale *Bangkok* (500,000 h.), sur le fleuve Meïnam ;

4° *Royaume d'Annam* à l'est, capitale *Hué;* 5° *Possessions françaises de la Basse-Cochinchine*, au sud-est, capitale *Saigon*, dans le delta du Meï-Kong.

La population est de 20 à 25 millions d'habitants de race jaune, bouddhistes pour la plupart.

Le nord de l'Indo-Chine et la presqu'île de Malacca sont des pays accidentés et en partie couverts de forêts ; le sud est plat et marécageux, dévoré par des chaleurs insupportables et inondé périodiquement par les pluies des tropiques. — Le riz, les graines oléagineuses, la soie, les bois, l'étain sont les principales productions.

DIXIÈME LEÇON.

Région centrale et orientale.

I

L'Empire Chinois, situé entre la Sibérie au nord, le haut Turkestan ou Boukharie chinoise à l'ouest, l'Indoustan, l'Indo-Chine au sud, et l'océan Pacifique à l'est, comprend une partie du plateau central et du bassin de l'Amour, le bassin du fleuve Jaune, celui du fleuve Bleu et de plusieurs cours d'eau moins considérables, tributaires de l'océan Pacifique.

La partie occidentale du plateau central désignée sous le nom de **Turkestan chinois** et dont la principale ville est *Kaschgar*, au pied des monts Célestes, est aujourd'hui indépendante, ainsi que la presqu'île de **Corée** baignée par l'océan Pacifique, et autrefois tributaire de la Chine. L'influence russe s'étend rapidement sur les provinces du nord-ouest (steppes des *Khalkas*) et du nord de l'empire Chinois (*Mandchourie*).

La capitale est *Pékin* (1,500,000 habitants), sur un canal long de plus de 400 lieues, le canal Impérial, qui fait communiquer le fleuve Jaune et le fleuve Bleu, et finit à *Hang-Tcheou* sur l'océan Pacifique. La ville la plus peuplée de la Chine était, il y a peu d'années, celle de *Sou-Tcheou*, près du littoral, au sud du fleuve Bleu, qui comptait plus de 2 millions d'habitants.

Les villes principales ouvertes au commerce européen sont : *Nankin*, *Han-Keou* (800,000 h.), sur le fleuve Bleu ; *Chang-Haï* (300,000 h.), *Ning-Po*, *Fou-Tcheou*, *Canton* (1,000,000 h.), sur l'océan Pacifique. — Les grandes villes des provinces intérieures sont : *Lassa* dans le Thibet, résidence du chef de la religion bouddhiste ou dalaïlama, *Moukden* en Mandchourie, *Ourga* en Mongolie.

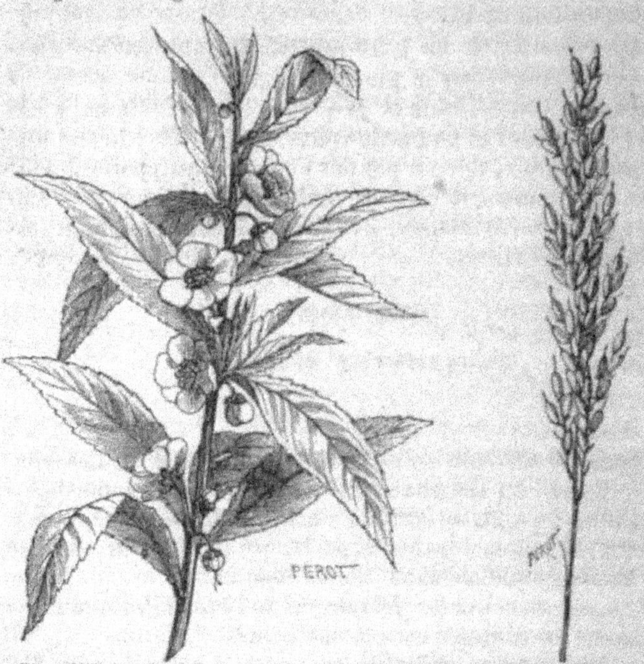

Fig. XVII. — Thé (hauteur de l'arbrisseau, 1 mètre à $1^{m},50$).

Fig. XVIII. — Riz (hauteur de la tige, 1 mètre).

Fig. XIX. — Ver à soie. — (Grandeur naturelle.)

Colonies européennes : L'île de *Hong-Kong*, aux Anglais,

et celle de *Macao*, aux Portugais sont situées à l'embouchure du Tigre, dans le golfe de Canton.

La population de l'empire Chinois est de plus de 420 millions d'habitants, de race jaune, en majorité bouddhistes.

La Chine proprement dite, où l'agriculture est poussée à un degré de perfection remarquable, produit le riz, le thé, le coton, le mûrier, le camphrier, les bois précieux. Le ver à soie est originaire de Chine, et la fabrication des soieries, de la porcelaine, des laques, des couleurs, du papier, y est florissante; mais la civilisation chinoise, la plus ancienne peut-être du monde entier est restée stationnaire, et l'empire est aujourd'hui livré à l'anarchie et menacé de toutes parts par les progrès de la Russie et de l'Angleterre.

II

Le **Japon**, archipel situé entre l'océan Pacifique et la mer du Japon, à l'est de la Chine, a pour capitale *Miako* ou *Kioto* (375,000 h.), et pour principaux ports ouverts au commerce européen : *Yedo* (675,000 h.), la seconde capitale de l'Empire et *Osaka* dans l'île de Niphon ; *Nagasaki*, dans l'île de Kiou-Siou ; *Hakodadi* dans l'île d'Yeso.

La population est de plus de 33 millions d'habitants, de race jaune, en grande partie bouddhistes.

Les principaux produits du pays sont la soie et le thé ; la civilisation y est plus avancée et surtout plus capable de progrès qu'en Chine, et le Japon, qui a déjà adopté presque toutes nos grandes inventions modernes, paraît appelé à un brillant avenir en Orient.

Région septentrionale.

La **Sibérie**, possession russe située entre l'océan Glacial arctique au nord, l'océan Pacifique à l'est, l'empire Chinois et le Turkestan au sud, et la Russie d'Europe à l'ouest, a pour villes principales : *Irkhoustk* sur l'Angara, affluent de l'Iénisséï, *Tobolsk* sur un affluent de l'Obi, et *Nicolaiewsk* sur le fleuve Amour.

La population est de 5 millions d'habitants, de race européenne ou mongolique.

Les bois, les fourrures et les produits des mines sont les seules richesses de cette vaste région glacée dans sa partie septentrionale, mais qui dans le sud se prêterait à beaucoup de nos cultures européennes.

RÉSUMÉ.

GÉOGRAPHIE POLITIQUE.

Région de l'ouest.

IX

I. L'Arabie, partagée entre diverses dominations et située entre la mer Rouge à l'ouest, la Turquie d'Asie au nord, le golfe Persique à l'est et l'océan Indien (mer d'Oman) au sud, a pour *villes principales* : la Mecque et Médine à la Turquie; *Aden*, sur le détroit de Bad-el-Mandeb aux Anglais; Mascate sur le détroit d'Ormuz, capitale d'un Etat indépendant.

Population, 4 à 6 millions d'habitants musulmans et en parties nomades.

II. La Turquie d'Asie est située entre la mer Noire et la mer de Marmara au nord, l'Archipel et la Méditerranée à l'ouest, l'Arabie et le golfe Persique au sud, la Perse et la Transcaucasie à l'est. Les îles de Chypre, de Rhodes, de Chio, en dépendent.

Les *villes principales* sont : Trébizonde sur la mer Noire; Smyrne, sur l'Archipel; Beyrouth, sur la Méditerranée; Mossoul et Bagdad, sur le Tigre; Damas, Jérusalem en *Syrie*.

Population, 10 millions de musulmans et 4 millions de chrétiens.

III. La Transcaucasie, possession russe au sud du Caucase a pour *capitale* Tiflis, sur le Kour.

Population, 4 millions d'habitants chrétiens et musulmans.

IV. La Perse, Etat indépendant borné au nord par la Transcaucasie, le mer Caspienne et le Turkestan, à l'est par l'Afghanistan, au sud par le golfe Persique, à l'ouest par la Turquie d'Asie, a pour *capitale*, Téhéran; pour *villes principales* : Ispahan, Tauris.

Population, 5 à 6 millions d'habitants, musulmans.

V. Le Turkestan, situé entre la Sibérie au nord, la mer Caspienne à l'ouest, la Perse et l'Afghanistan au sud, le Turkestan chinois à l'est, est en partie conquis ou dominé par les Russes; en partie indépendant (Boukhara).

Population, 7 à 8 millions de musulmans.

VI. L'Afghanistan, borné au nord par le Turkestan, à l'est par l'Indoustan, au sud par le Béloutchistan, à l'ouest par la Perse est divisé en deux régions, dont les capitales sont *Hérat* au nord-ouest, *Caboul*, à l'est.

Population, 6 millions de musulmans.

VII. Le Béloutchistan, entre l'Afghanistan et la mer d'Oman, est sous l'influence anglaise.

Région méridionale.

I. L'Indoustan, borné au nord par l'Himalaya qui le sépare des posssessions chinoises ou des États indépendants de l'Asie centrale, à l'ouest par l'Afghanistan et le Béloutchistan, au sud par l'océan Indien, à l'est par l'océan Indien (golfe du Bengale) et l'Indo-Chine, est partagé en *Colonies françaises* : Pondichéry, Chandernagor : etc.

Colonies Portugaises : Goa.

Possessions anglaises : 1° Présidence du Bengale. *Capitale*, Calcutta, sur le Gange.

2° Présidence de Bombay. *Capitale*, Bombay.

3° Présidence de Madras. *Capitale*, Madras.

4° Ile de Ceylan.

5° Etats vassaux de l'Angleterre : le Dékan, le Népaul, le Cachemire.

6° Etats indépendants, le Boutan, etc., dans les vallées de l'*Himalaya*.

Population, 250 millions d'habitants, brahmanistes, musulmans et bouddhistes.

II. L'Indo-Chine, bornée au nord par la Chine, à l'ouest par l'Indoustan et le golfe du Bengale, au sud par le détroit de Malacca et le golfe de Siam, à l'est par l'océan Pacifique, est divisée en : 1° *Possessions anglaises* à l'ouest. *Villes principales* : Rangoun, Malacca, Singapour.

2° *Birmanie* indépendante au nord-ouest. *Capitale* Mandalay.

3° *Royaume de Siam* au sud. *Capitale*, Bangkok.

4° *Royaume d'Annam* à l'est. *Capitale*, Hué.

5° Possessions françaises de la Basse-Cochinchine. *Capitale*, Saïgon.

Population, 20 à 25 millions d'habitants, bouddhistes.

X

Régions orientale et centrale.

I. L'Empire Chinois borné au nord par la Sibérie, à l'est par l'océan Pacifique, au sud par l'Indo-Chine et l'Indoustan, à l'ouest par les pays indépendants de l'Asie centrale (Turkestan chinois), a pour *capitale*, Pékin, pour *villes principales* : Nankin et Han-[illegible]ou, sur le fleuve Bleu ; Chang-Haï, Canton, sur l'océan Pacifique (*Chine* proprement dite), Ourga (*Mongolie*), Lassa (*Thibet*).

Deux états autrefois tributaires : le royaume de Corée et la Boukharie ou Turkestan chinois, *capitale*, Kaschgar, sont aujourd'hui indépendants.

Colonies européennes : Hong-Kong, aux Anglais ; Macao, aux Portugais.

Population, 420 millions, de race jaune, bouddhistes, musulmans, etc.

II. Le Japon, archipel situé entre l'océan Pacifique et la mer du Japon, à l'est de la Chine, a pour *capitales*, Kioto ou Miako, et Yédo ; pour villes principales : Osaka, port dans l'île de Niphon ; Nagasaki, dans l'île de Kiou-Siou, Hakodadi dans l'île d'Yéso.

Population, 33 millions, de race jaune, bouddhistes.

Région septentrionale.

La Sibérie, possession russe, bornée au nord par l'océan Glacial, à l'est par l'océan Pacifique, au sud par l'empire Chinois et le Turkestan, à l'ouest par la Russie d'Europe, a pour *villes principales* : Tobolsk, Irkhoutsk, Nicolaïewsk sur le fleuve Amour.

Population, 5 millions d'habitants de race européenne ou mongolique.

Révision.

COLONIES ET POSSESSIONS EUROPÉENNES.

Russes. Sibérie, Transcaucasie, partie du Turkestan.

Anglaises. Indoustan, partie de l'Indo-Chine, Aden (en Arabie), Hong-Kong (en Chine).

Françaises. Pondichéry et comptoirs des Indes, Basse-Cochinchine.

Portugaises. Goa (Indoustan), Macao (Chine).

Religions.

Les principales religions sont : 1° le *bouddhisme*, dont le chef réside au Thibet, et qui compte plus de 450 millions de sectateurs en Chine, au Japon, en Indo-Chine, à Ceylan, etc...

2° Le *brahmanisme* qui domine dans l'Indoustan.

3° Le *mahométisme* qui compte des sectateurs en Chine, dans l'Indoustan, en Indo-Chine, et qui domine en Perse, en Arabie, dans le Turkestan et la Turquie d'Asie.

Questionnaire.

Quelles sont les limites de (on indiquera le nom de la contrée)? — Quel est l'aspect général et la configuration du pays ? — Quels sont les principaux fleuves ? — Quelles sont les principales villes ? — Indiquer spécialement les ports. — Quel est le climat ? — Quelles sont les productions les plus importantes ? — Quelle est la population ? — A quelle race appartient-elle ? — Quelles sont les religions professées, etc. ? — Existe-t-il des colonies européennes ? — Quel est l'état de la civilisation ?

Exercices.

Indiquer sur une carte d'Asie les colonies ou possessions européennes. — Les régions occupées par la race mongolique ou par la race blanche.

Tracer la carte physique et politique de (on indiquera le nom de la contrée, Arabie, par exemple, ou Indoustan, etc.).

CHAPITRE III

ANCIEN CONTINENT. — AFRIQUE.

ONZIÈME LEÇON.

I

Notions générales sur la géographie de l'Afrique.

Grandes divisions. — On peut diviser l'Afrique en cinq régions :

1° Celle du **nord-est** et du **nord**, qui comprend l'Abyssinie, l'Égypte et ses dépendances, les Pays Barbaresques (Tripolitaine, Tunisie, Algérie et Maroc), et le Sahara ;

2° Celle du **centre,** qui comprend le Soudan et les pays peu connus de la région équatoriale ;

3° Celle de l'**ouest,** qui comprend la Sénégambie, la Guinée septentrionale et le Congo ou Guinée méridionale ;

4° Celle du **sud,** qui renferme les établissements anglais du Cap et de Port-Natal ; les républiques de l'Orange et les territoires vagues des Hottentots et des Cafres ;

5° Celle de l'**est,** (côtes de Mozambique, de Zanguebar, et pays de Somal.)

Description physique de l'Afrique.

Situation. Limites. — L'Afrique est située entre le 37e degré de latitude N. et le 35e de latitude S., le 19e degré de longitude occidentale et le 48e de longitude orientale.

Elle est bornée : au nord par la **Méditerranée** et par le détroit de *Gibraltar* ;

A l'ouest, par l'**océan Atlantique,** qui forme le *golfe de Guinée ;*

Au sud, par l'**océan Atlantique austral ;**

A l'est, par l'**océan Indien,** le détroit de *Bab-el-Mandeb*, la *mer Rouge* et l'isthme de Suez.

Les points extrêmes du continent sont : au nord, le cap *Bon* (Méditerranée) ; à l'ouest, le cap *Vert* (Atlantique) ; au sud, le cap de *Bonne-Espérance* et le cap des *Aiguilles*; à l'est, le cap *Guardafui* (océan Indien).

Superficie. — La superficie de l'Afrique et des îles qui en dépendent est d'environ 30 millions de kilomètres carrés, le triple de celle de l'Europe. Sa plus grande longueur, du nord au sud, du cap Bon au cap de Bonne-Espérance, est de 8,000 kilomètres; sa plus grande largeur, de l'est à l'ouest, du cap Guardafui au cap Vert, est de 7,500 kilomètres.

Nature des côtes, disposition des montagnes. — Les côtes sont peu découpées, d'un abord difficile, et n'offrent qu'un petit nombre de ports. Les montagnes, presque partout parallèles au rivage, ne laissent à leur pied qu'une étroite lisière de plaines marécageuses ou sablonneuses et forment, dans l'intérieur, des plateaux disposés en gradins successifs, d'où les fleuves descendent vers la mer par des cataractes infranchissables à la navigation.

II

Les rivages et les mers.

Méditerranée. — Le littoral septentrional de l'Afrique est bordé, en Egypte, de lagunes et de plages sablonneuses, où croissent çà et là quelques bouquets de palmiers; dans la Tripolitaine, de collines de sables et de falaises qui dessinent le contour de deux golfes ensablés, la *grande* et la *petite Syrte*, aujourd'hui golfes de la *Sidre* et de *Cabès*. A partir du cap *Bon*, à peu de distance des ruines de Carthage, la côte se relève, plonge par une pente rapide dans la Méditerranée, se hérisse de promontoires escarpés et se découpe en baies étroites et semées de rochers jusqu'au *détroit de Gibraltar*. La pêche des éponges dans les Syrtes et celle du corail sur les côtes de l'Algérie attirent un grand nombre de navires des ports de l'Afrique et même de l'Europe méridionale.

Océan Atlantique. — La côte occidentale de l'Afrique, depuis le cap *Spartel* (détroit de Gibraltar), jusqu'au cap des *Palmes* (Maroc, Sahara et Sénégambie), est basse, couverte d'un sable blanchâtre, bordée tantôt de plages arides, tantôt de lagunes et de marécages. Elle est semée de bancs de sable, tels que le banc d'*Arguin*, sur le littoral du Sahara, si tristement célèbre par le naufrage de la frégate française *la Méduse*, de récifs volcaniques, tels que l'île de *Gorée* ou l'archipel des *Bissagos*, en Sénégambie. Quelques pointes sablonneuses, comme le cap *Bojador* et le cap *Blanc*, ou élevées et revêtues d'une maigre végétation, comme le cap *Vert* et les hauteurs de *Sierra Leone*, rompent à peine l'uniformité de ce rivage inhospitalier.

De nombreux groupes d'îles, pour la plupart volcaniques, sont disséminés dans l'Atlantique : les *Açores*, fameuses par la douceur de leur climat ; les îles *Madères*, avec leurs riantes vallées plantées de vignes, de cotonniers et de cannes à sucre ; les *Canaries*, que les anciens désignaient peut-être sous le nom d'*Iles fortunées*, et dont les deux plus connues sont *Ténériffe*, avec son pic volcanique (3,710 mètres), et l'île de *Fer*, dont le méridien sert de point de départ pour compter les longitudes dans un grand nombre de cartes espagnoles, anglaises et allemandes ; les îles du *Cap-Vert*, accidentées et fertiles.

Du cap des *Palmes* au cap *Lopez*, la côte, inondée et insalubre, couverte de forêts de palétuviers, bordée de hauts-fonds, battue par un ressac violent qui rend le débarquement dangereux et souvent impossible, se détourne brusquement vers l'ouest, puis vers le sud. Ce vaste enfoncement prend le nom de golfe de *Guinée*, et se divise en deux golfes plus petits, ceux de *Bénin* et de *Biafra*. Dans le golfe de Biafra sont groupées quelques îles couvertes de forêts ou de plantations de cannes à sucre : *Fernando-Po*, *Saint-Thomas*, l'île *du Prince* et *Annobon*.

Du cap *Lopez* au cap de *Bonne-Espérance* (Guinée méridionale, colonie du Cap), les côtes sont plus accidentées, bordées de falaises, de collines rougeâtres ou de hauteurs boisées qu'interrompent des plages désertes et brûlées par le soleil. Les îles sont rares et très-éloignées des côtes. L'*Ascension*, *Sainte-Hélène*, si célèbre par la captivité et la mort de Napoléon Ier, ne sont que des récifs perdus au milieu de l'Océan.

L'Afrique se termine par deux pointes qu'entoure une ceinture d'écueils et de bancs de sable, rongées par les courants, battues par une mer orageuse, le cap *de Bonne-Espérance*, appelé par les premiers navigateurs portugais le cap des *Tempêtes*, et dominé par la montagne de la Table, et le cap *des Aiguilles*, longue terre basse, qui marque l'extrémité méridionale du continent.

Les navigateurs phéniciens, carthaginois et grecs n'avaient jamais dépassé les îles Canaries, ou tout au plus le cap Vert. Au XIVe siècle, les marins normands retrouvèrent cette route oubliée, mais abandonnèrent bientôt les établissements qu'ils avaient fondés. Les Portugais leur succédèrent, explorèrent lentement la côte et mirent 70 ans pour parvenir jusqu'au cap de Bonne-Espérance, découvert en 1486 par Barthélemi Diaz, et franchi onze ans plus tard par Vasco de Gama, qui ouvrit aux navigateurs la route des Indes et de l'extrême Orient.

Océan Indien. — Le littoral de l'océan Indien, depuis le cap *des Aiguilles* jusqu'au cap *Guardafui*, est en général insalubre, tantôt boisé et fertile, tantôt désert et sablonneux, semé d'écueils et de petites îles ; les pointes les plus importantes sont le cap *Corrientes* et le cap *Delgado*.

Fig. XX. — Cocotier (haut. de l'arbre 20 à 25 mètres).

L'océan Indien baigne un grand nombre d'îles, dont la plus vaste est *Madagascar*, séparée du continent par le canal de *Mozambique*. Cette île, presque aussi grande que l'Espagne, est malsaine et marécageuse sur la côte, mais coupée par une chaîne de montagnes qui forme dans l'intérieur de vastes plateaux.

Dans le canal de Mozambique, au nord-ouest de Madagascar, est situé le groupe des *Comores*, archipel montagneux et boisé ; dans l'océan Indien, à l'est de la grande île, le groupe volcanique des îles *Mascareignes*, *La Réunion* ou *Bourbon*, *Maurice* (île de France), et l'île *Rodrigue* ; au nord de Madagascar, l'archipel des *Amirantes* et celui des *Seychelles*, îles basses, entourées de récifs et couvertes de bois de cocotiers ; enfin, à l'est du cap Guardafui, l'île pierreuse et stérile de *Socotora*.

La mer Rouge. — Au delà du cap Guardafui, la côte, qui jusque-là se dirigeait du sud au nord, se détourne vers l'ouest, puis vers le nord-ouest, à partir du détroit de *Bab-el-Mandeb*, qui fait communiquer l'océan Indien avec la mer Rouge. Le littoral de la mer Rouge, abrupt et désolé, n'offre qu'un petit nombre de rades mal abritées, et se termine par un golfe ensablé, le golfe de Suez.

L'isthme et le canal de Suez. — La mer Rouge est séparée de la Méditerranée par une langue de terre sablonneuse, coupée de lacs salés ou bitumineux, et large d'environ 150 kilomètres : *l'isthme de Suez*. Déjà les anciens rois

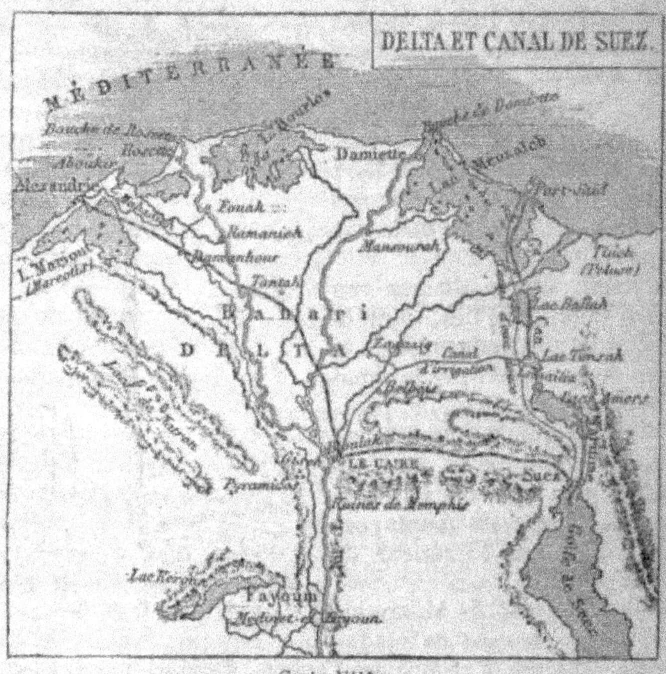

Carte VIII.

d'Egypte avaient songé à supprimer cet obstacle et creusé, entre la mer Rouge et le Nil, un canal que les sables finirent par combler. Grâce à l'initiative d'un Français, M. de Lesseps, la communication interrompue pendant des siècles a été plus largement rétablie. Un canal, long de 170 kilomètres, large de 100 mètres et assez profond pour recevoir les plus gros navires, coupe aujourd'hui l'isthme en droite ligne, réunit les deux mers et permet aux navires qui se rendent dans l'océan Indien et l'océan Pacifique d'éviter l'immense détour qu'ils devaient faire autrefois pour doubler le cap de Bonne-Espérance.

III

DOUZIÈME LEÇON.

Montagnes. Plaines et plateaux.

Le littoral de l'Afrique est, comme nous l'avons dit, presque entièrement bordé d'une ceinture de montagnes qui s'élèvent comme les gradins d'un amphithéâtre et qui, sur la côte septentrionale, plongent jusque dans la Méditerranée.

L'Atlas. — Au nord, se dresse un massif épais désigné sous le nom d'*Atlas*. L'Atlas se compose de deux masses principales : l'une, formée de chaînons parallèles, séparés par des plaines étroites qui s'étagent les unes au-dessus des autres, longe le littoral depuis le cap *Spartel* jusqu'au cap *Bon*, sous le nom de *Petit-Atlas* ; l'autre, séparée de la première par des plateaux élevés, couverts de pâturages, est un groupe de montagnes rocheuses, arides, d'une élévation moyenne de 3,000 à 3,500 mètres, où l'on ne trouve ni glaciers, ni pics couronnés de neiges, et dont les rameaux enferment quelques bassins fertiles, à la surface unie et sans ondulations.

Cette chaîne, qui court de l'ouest à l'est sous le nom de *Grand-Atlas*, semble se prolonger dans le pays de Tripoli par une série de collines dépouillées, de plateaux déserts et de montagnes assez élevées qui portent le nom de *Montagnes Noires*. Elle domine par une pente rapide, au sol pierreux, déchiré par des ravins profonds, une immense région qui occupe une superficie au moins égale aux deux tiers de l'Europe : le *Sahara*, dont le nom seul rappelle l'aridité et le désert.

Le Sahara. — Les sables couvrent, dans le Sahara, une assez grande étendue, surtout sur les bords de l'Atlantique, où des dunes, hautes en certains endroits de 180 mètres, avancent rapidement dans l'intérieur du continent. Au pied de l'Atlas s'étend une vaste dépression en partie occupée par des lacs de sel dont le niveau est inférieur à celui de la Méditerranée. Dans l'est et dans le sud, des pluies assez abondantes entretiennent la végétation, mais de vastes espaces sont couverts de dunes rougeâtres, de zones pierreuses qui semblent comme pavées de larges dalles de grès, où de maigres touffes d'herbe, des plantes épineuses aux formes bizarres percent à peine le sol. Enfin, dans la partie centrale du Sahara, s'élèvent

AFRIQUE
Géographie Physique et Politique
Colonies
ILES MASCAREIGNES
ALGERIE
ASIE
ARABIE
SOMAULIS

Carte IX.

es plateaux dont les plus importants, ceux d'*Asben*, de *Haggar* et du *Tibesti*, sont connus par les explorations des voyageurs contemporains, le Français *Duveyrier* et les Allemands *Barth*, *Rohlfs* et *Nachtigal*. Arrosés par des sources nombreuses et revêtus d'herbes touffues et de forêts verdoyantes, ils atteignent

Fig. XXI. — Hyène (hauteur prise sur le garrot, 80 centimètres; longueur, sans la queue, 1m,20).

une hauteur de 1,000 à 1,500 mètres. Les parties pierreuses ou sablonneuses du Sahara sont semées çà et là de quelques oasis, plantées de palmiers-dattiers; la végétation est entretenue par des sources ou par des puits aux eaux jaillissantes.

Le Soudan. — La région méridionale du Sahara est séparée des vallées fertiles et des plaines ondulées du Soudan par un long plateau dont le revers septentrional est couvert de dunes d'un sable blanchâtre, le sommet de steppes et de pâturages, la pente méridionale d'une large bande de forêts de gommiers, s'étendant depuis les frontières de l'Egypte jusqu'aux bords de l'Océan.

La plaine du Soudan occupe le centre du continent africain; la partie orientale forme une dépression marécageuse où dort le lac **Tchad**, tandis que la partie occidentale, inclinée vers le sud, paraît une des plus riches et des mieux cultivées de l'Afrique.

Les monts de Kong. — A l'ouest et au sud du Soudan, parallèlement à la côte de l'Atlantique et du golfe de Guinée, s'élève un massif de montagnes couvertes de forêts, taillées en gradins, coupées de gorges sauvages et s'abaissant en amphithéâtre vers les côtes sablonneuses de la Sénégambie et de la Guinée septentrionale ; c'est la chaîne des *monts de Kong*, qui se prolonge peut-être dans l'Afrique intérieure par les hautes montagnes que quelques voyageurs y ont entrevues, à peu de distance au nord de l'équateur.

Fig. XXII. — Girafe (hauteur, $5^m,50$ à $6^m,50$).

La vallée du Nil. Le plateau d'Abyssinie. — Au nord-est de l'Afrique, à l'est du Sahara et du Soudan, 'ouvre une étroite vallée qui s'élargit à mesure qu'elle s'en-nce dans l'intérieur du continent, celle du Nil, le plus rand fleuve de l'Afrique. La vallée du Nil, resserrée dans sa artie inférieure entre deux chaînes de collines rougeâtres et énudées, la chaîne *libyque* à l'ouest, la chaîne *arabique* à est, ressemble à un long ruban de verdure qui se déroule ir un fond de sable parsemé çà et là de quelques taches ver-s qui marquent la place des oasis.

La chaîne arabique, qui dessine les plateaux pierreux des ords de la mer Rouge, se relève tout à coup en un vaste assif de montagnes granitiques et volcaniques, dominées ir des pics neigeux qui atteignent une hauteur de 4,600 mè-es. Ces montagnes forment la charpente d'un plateau in-iné vers le nord-ouest, couvert d'une végétation luxuriante, upé de vallées profondes et sauvages : c'est le plateau *Abyssinie*, élevé en moyenne de 1,500 à 3,000 mètres.

Les collines libyques se relèvent également au sud du Sa-ara ; au désert succède une région accidentée, le *Darfour*, ec ses montagnes volcaniques aux formes bizarres et tour-

ig. XXIII. — Rhinocéros (3^m,20 à 3^m,90 de longueur ; 2^m,20 de hauteur).

ntées, ses vastes forêts et ses cours d'eau, qui se partagent tre le bassin du Nil et celui du lac Tchad.

L'Afrique australe. Le plateau central. —

La partie de l'Afrique située au sud de l'équateur forme un plateau triangulaire semé de lacs nombreux, au sol humide et presque partout fertile, dominé par des montagnes boisées qui encadrent de pentes rapides les bassins des lacs équatoriaux, et dessinent une sorte de plateau intérieur, réservoir des plus grands fleuves du continent.

La ceinture du premier et du plus vaste de ces deux plateaux superposés est formée par des montagnes parallèles à la côte, à l'ouest, les *monts du Congo*, qui s'abaissent en larges gradins jusqu'aux bords de l'Atlantique; au sud les monts *Nieuweveldt* (monts de la Neige), dont les terrasses, séparées par des plateaux arides désignés sous le nom de *Karrous*, se terminent par d'énormes falaises taillées presqu'à pic; à l'est les monts *Lupata*, qui descendent en amphithéâtre vers l'océan Indien. Ils se prolongent vers le nord par

Fig. XXIV. — Zèbre. (Cet animal est un peu plus petit que le cheval.)

un large massif que dominent les monts *Kiliman-Djaro* et *Kenïa* (mont Blanc, 6,000 mètres), couronnés de neige sous les feux de l'équateur.

L'intérieur du triangle de l'Afrique australe est imparfaitement connu. On sait pourtant qu'il renferme des régions boisées, de grands bassins lacustres, de riches vallées et quelques déserts sablonneux, dont le plus vaste paraît être celui de *Kalahari*, au nord de la colonie du Cap. C'est surtout ans cette région que se sont réfugiés l'éléphant, la girafe, rhinocéros, le zèbre, et les animaux féroces, tels que le on, l'hyène et la panthère, reculant devant les progrès de homme.

TREIZIÈME LEÇON.

IV

Les fleuves et les lacs.

Le système des montagnes de l'Afrique est encore trop peu nnu pour qu'il soit possible d'indiquer exactement la limite es versants et des bassins fluviaux. Cependant on peut diviser l'Afrique en trois grands versants maritimes : ceux de Méditerranée, de l'Atlantique et de l'océan Indien.

L'intérieur du continent renferme un grand nombre de assins lacustres, dont les eaux n'ont pas d'écoulement vers mer.

Versant de la Méditerranée. Le Nil. — Le ersant de la Méditerranée, dessiné par l'Atlas, les montanes de la Tripolitaine, les collines libyques, les monts du arfour, les montagnes peu connues de l'Afrique équatoriale,

Fig. XXV. — Crocodile (longueur, 4 à 8 mètres).

s plateaux de l'Abyssinie et la chaîne arabique, n'est arrosé e par des torrents à demi desséchés qui descendent de Atlas, tels que la *Malouia* et le *Chéliff* (Algérie), et par un fleuve immense, le *Nil* (6,200 kilomètres explorés), dont les sources ne sont pas encore fixées.

Les voyages des explorateurs Anglais *Burton*, *Speke* et *Baker* (1857-1864) et celui de l'américain *Stanley* (1875) dans l'Afrique équatoriale, ont révélé l'existence et déterminé la position et l'étendue de deux grands lacs, le lac *Victoria* et le lac *Albert*, situés sous l'équateur, à une altitude, l'un de 1,000, l'autre de 800 mètres. Il en sort un fleuve qui, sous le nom de *Fleuve Blanc*, est l'origine du vrai Nil.

Le lit du fleuve, interrompu par des cataractes est complétement obstrué un peu au-dessus de son confluent avec le premier de ses grands affluents, le *Bahr-el-Ghazal* (fleuve des Gazelles), par une véritable forêt de roseaux qui couvrent à perte de vue d'immenses marécages peuplés de crocodiles et d'hippopotames. A partir de ce point, le fleuve Blanc devient navigable, reçoit sur sa rive droite le *Nil Bleu*, qui descend des plateaux d'Abyssinie et forme le lac *Tzana*, et l'*Atbarah*,

Fig. XXVI. — Hippopotame (longueur, 2m,50, haut. totale, 1m,50 à 1m,70).

l'ancien Astaboras. Il coule dans un lit encaissé, semé de rochers, et franchit par de nombreuses cataractes, dont la dernière est celle de *Syéne* ou d'*Assouan*, les gradins du plateau intérieur. Au-dessous d'Assouan, il arrose une étroite et riche vallée, l'Egypte; puis, à 80 kilomètres de la mer, il se ivise en plusieurs branches, dont deux seulement sont navigables, et tracent les deux côtés d'un triangle dont la base st formée par le littoral de la Méditerranée.

Grossi par les pluies des tropiques, le fleuve déborde annuellement du mois de juin au mois d'octobre, et c'est au imon qu'il dépose que sa vallée inférieure, où les pluies sont resque inconnues, doit sa merveilleuse fertilité.

Versant de l'Atlantique. Le Niger ou Djoliba. — Le versant de l'Atlantique est arrosé par des cours l'eau plus nombreux : le *Sénégal* et la *Gambie*, qui descenlent des monts de Kong, franchissent par plusieurs cataractes es chaînes qui leur barrent la route, et se répandent dans les laines de la Sénégambie en marécages ou marigots desséhés pendant une partie de l'année, mais qui débordent penlant la saison des pluies.

Le *Niger* ou plutôt le *Djoliba*, ce rival du Nil, dont l'importance nous a été révélée par les expéditions des Anglais *Mungo-Park* et *Lander*, des Français *René Caillié* et *Mage*, des Allemands *Barth* et *Rohlfs*, les explorateurs du Soudan, descend du revers septentrional des monts de *Kong*. Il décrit un vaste demi-cercle en suivant la base des plateaux du Sahara méridional et des hauteurs qui séparent son bassin de celui du lac Tchad, reçoit à gauche un grand affluent, le *Tchadda* ou *Binoué*, franchit par de dangereux rapides les terrasses les monts de Kong, et se jette dans le golfe de Guinée par le nombreuses bouches qui forment un delta aussi considérable que celui du Nil.

Le Zaïre ou Congo. — Du golfe de Biafra au cap de Bonne-Espérance on rencontre successivement l'*Ogooué*, qui se jette dans le golfe de Biafra, et dont le cours supérieur est encore inconnu, malgré les explorations hardies des voyageurs Français, MM. *Marche* et de *Compiégne* ; le *Zaïre* ou *Congo* qui descend, sous le nom de *Tchambèze* et de *Loualouba*, du plateau intérieur récemment exploré par le voyageur anglais *Livingstone*. Il forme plusieurs lacs d'une assez grande étendue, et reçoit, par un canal que vient de découvrir un autre anglais, le lieutenant *Cameron*, les eaux du lac *Tanganyika*, l'un des plus importants de l'Afrique centrale.

Le *Couanza*, comme le Zaïre, franchit par une série de cascades les derniers gradins des plateaux de l'intérieur avant d'arriver à la côte.

Le fleuve *Orange* descend des montagnes de la côte orientale et roule sur les plateaux de l'Afrique australe ses eaux presque taries avant de parvenir à l'Océan.

Versant de l'océan Indien. Le Zambèze. — Le versant de l'océan Indien est arrosé par deux cours d'eau principaux, le *Limpopo* et le *Zambèze*, qui descendent des plateaux intérieurs. Le cours presque entier du Zambèze a été reconnu par le grand explorateur de l'Afrique australe, *Livingstone*, qui, le premier, a révélé l'existence du lac *Nyassa*, auquel le fleuve sert de déversoir, et contemplé les chutes Victoria, l'un des spectacles les plus imposants qu'offre le continent africain. La masse du fleuve se précipite dans une étroite fissure, lance dans les airs des colonnes de vapeur blanche qui retombent en pluie, roule en bouillonnant dans un canal dont les berges taillées à pic se dressent comme un gigantesque rempart, et, après avoir franchi ce défilé et traversé par une gorge sauvage la barrière des monts Lupata, se divise en plusieurs bras, avant de se jeter dans l'océan Indien.

Les bassins intérieurs. Le lac Melrir. — Parmi les bassins intérieurs, les trois principaux sont ceux des lacs du Sahara septentrional, du lac Tchad, et la région des lacs équatoriaux. Au nord du Sahara, au pied du grand Atlas, s'étend une chaîne de *chotts* ou lacs salés, dont le plus important est le lac *Melrir*. Ce sont des dépressions couvertes d'une couche saline, dont le fond est au-dessous du niveau de la Méditerranée, et qui se remplissent après les orages d'une eau saumâtre et amère. Ils sont alimentés par des rivières ou *oueds* qui descendent du Haggar ou de l'Atlas, et dont le lit à sec pendant presque toute l'année roule au moment des pluies des eaux bourbeuses et rapides qui finissent dans les chotts ou dans les sables avant d'arriver à la mer. Une exploration récente, dirigée par un officier français, M. Roudaire, a prouvé qu'en ouvrant un canal de quelques kilomètres, on pourrait faire pénétrer la Méditerranée dans cette série de lacs et créer ainsi une sorte de mer intérieure, longue de 300 kilomètres et large de 50 à 60.

Le lac Tchad. — Le lac *Tchad* est une immense lagune située au centre du Soudan, alimentée par des cours d'eau permanents, dont le principal est le *Charry*, semée d'un grand nombre d'îles et en partie couverte de forêts de roseaux.

Les lacs du plateau central. — Parmi les lacs de la région équatoriale les uns, comme les lacs *Albert* et *Vic-*

ria, appartiennent au système du Nil ; d'autres, comme le lac *Nyassa*, à celui du Zambèze ; quelques-uns, le *Bengouéolo*, le *Moëro*, découverts en 1868 par Livingstone, et le *Tanganyika* presque complètement connu par les explorations de Burton, de Livingstone, et de Cameron, dépendent du bassin du Zaïre : un petit nombre sont sans écoulement comme le *Chirouê*, dans le bassin du Zambèze, et le lac *Ngami* au nord du désert de Kalahari.

L'Afrique avec sa masse lourde et compacte, ses côtes sans découpures, ses déserts de sable ou de pierre, ses fleuves coupés par des cataractes, est de tous les continents celui qui offre le moins de facilités aux communications, de ressources au commerce et par conséquent à la civilisation.

Population, races principales. — La population totale de l'Afrique s'élève au moins à 140 millions d'habitants.

Au nord et à l'est domine la race blanche plus ou moins mélangée, *Arabes* sur le littoral de la Méditerranée, *Berbères* dans l'Atlas et le Sahara, *Coptes* et *Éthiopiens* en Abyssinie, en Nubie, en Egypte, *Gallas* et *Fellatahs* au Soudan, au Sénégal, et dans l'Afrique centrale.

A l'ouest, au centre et au sud, la race *nègre* avec ses innombrables variétés (Sénégal, Soudan, Guinée, pays des Hottentots, etc.).

Au sud-est et à l'est, la race *Cafre*, qui se distingue des nègres par sa chevelure flottante, son profil plus ouvert et sa couleur plutôt bronzée que noire.

RÉSUMÉ.

Géographie physique de l'Afrique.

XI

L'Afrique a pour BORNES : au nord, la *Méditerranée* et le détroit de *Gibraltar* ; à l'ouest et au sud, l'*océan Atlantique* ; à l'est l'*océan Indien*, la mer Rouge et l'isthme de Suez.

Sa SUPERFICIE est de 30 millions de kilomètres carrés.

La *Méditerranée* forme les golfes de la Sidre et de Cabès, l'*Atlantique* le golfe de Guinée.

Les principales ILES sont dans l'*océan Atlantique*, les îles Açores, Madères, Canaries, du Cap-Vert, Fernando-Po, Annobon, Saint-Thomas, du Prince, Ascension, Sainte-Hélène.

Dans l'*océan Indien*. Madagascar, les îles Comores, Mascareignes (la Réunion, Maurice), Amirantes, Seychelles et Socotora.

Les principaux DÉTROITS, sont les *détroits de Gibraltar* entre la Méditerranée et l'océan Atlantique ; de *Bab-el-Mandeb* entre la mer Rouge et l'océan Indien ; le *canal de Mozambique* entre la côte de Mozambique et Madagascar.

Les principaux CAPS sont dans la *Méditerranée*, le cap Bon (Tunisie).

Dans l'océan *Atlantique*, le cap Vert (Sénégambie), le cap de Bonne-Espérance, le cap des Aiguilles (Colonie du Cap).

Dans l'*océan Indien*, le cap Guardafui (Somal).

XII

Les CHAÎNES DE MONTAGNES sont au *nord*, l'Atlas ; à l'*ouest*, les monts de Kong, les monts du Congo ; au *sud*, les monts Nieuweveldt ; à l'*est*, les monts Lupata, Kilimandjaro et Kenia (6,000 m.), et les montagnes d'Abyssinie ; au centre les montagnes peu connues de la région équatoriale.

PLAINES ET PLATEAUX. Les *pays de plaines*, sont : Le Sahara ou grand désert ; le Soudan ; presque toute la région du littoral.

Au nord, s'étendent les plateaux de la région barbaresque entre le petit et le grand Atlas, et les plateaux du Sahara (Haggar) ; à l'est, le plateau d'Abyssinie ; au midi, le plateau de l'Afrique australe dominé par un plateau central qui s'élève au sud de l'équateur.

XIII

Les principaux FLEUVES sont dans le versant de la *Méditerranée* : le Nil (Egypte).

Dans celui de l'*Atlantique* : le Sénégal et la Gambie (Sénégambie), le Niger ou Djoliba, (Soudan, Guinée septentrionale), l'Ogooué, le Zaïre (Congo), le Coanza (Congo), le fleuve Orange (colonie du Cap).

Dans celui de l'*océan Indien*. Le Limpopo (Cafrerie) et le Zambèze (Mozambique).

Les LACS les plus importants sont : les lacs Albert et Victoria, Tanganyika, Nyassa (plateau central), Tchad (Soudan), Melrir (Sahara).

CLIMAT. Le *climat* est chaud, sauf sur les plateaux les plus élevés. L'Afrique n'a que deux saisons, celle des pluies et celle de la sècheresse. Les pluies sont presque inconnues dans le Sahara.

La POPULATION est d'environ 140 millions.

Les PRINCIPALES RACES sont : au nord et à l'est, la *race blanche* (Arabes, Berbères, Ethiopiens, Gallas, Fellatahs).

Au centre, à l'ouest et au sud, la *race nègre* (Sénégambie, Soudan, Guinée, Congo).

Au sud-est et à l'est, la *race cafre* (Afrique australe, Mozambique, etc.).

Questionnaire.

I. Quelles sont les bornes de l'Afrique ? — Quelle en est la superficie ? — Indiquer les grandes divisions de ce continent. — Quelle en est la configuration ? — Quelle est la nature des côtes de la Méditerranée ? — De l'Atlantique ? — De l'océan Indien ? — Quels sont les principaux caps, les golfes les plus importants ? — Les îles principales ? — Décrire l'île de Madagascar.

II. Quelles sont les principales chaînes de montagnes ? — Décrire la chaîne de l'Atlas. — Quelles sont les montagnes les plus élevées du continent ? — Existe-t-il en Afrique des montagnes volcaniques ? — Quelles sont les grandes régions de plaines ? — Décrire la région saharienne. — Qu'entend-on par oasis ? — Le Sahara est-il entièrement couvert de sables ? — Quels sont les principaux plateaux de l'Afrique ? — Quel est l'aspect du plateau central ?

III. Quels sont les fleuves les plus importants ? — Décrire le cours du Nil. — Rappeler les noms des principaux explorateurs. — Les sources du Nil sont-elles connues ? — Quelle est la cause des débordements du fleuve ? — Quels sont les principaux explorateurs du Niger ou Djoliba ? — Décrire le cours du Zambèze. — Quels sont les principaux bassins intérieurs ? — Quelle est la nature des lacs du Sahara ? — Le Sahara a-t-il des eaux courantes ? — Quelle est la situation du lac Tchad ? — Quels sont les voyageurs les plus récents qui ont exploré la région des lacs équatoriaux ? — Nommer les plus importants de ces lacs. — Ont-ils tous un écoulement vers la mer ?

Quel est le climat de l'Afrique ? — Les saisons en Afrique sont-elles les mêmes qu'en Europe ? — Quels sont les végétaux caractéristiques ? — Les cultures de l'Europe tempérée réussissent-elles en Afrique ? — Quels sont les végétaux qui croissent dans les régions sablonneuses ? — Les races domestiques européennes se sont-elles acclimatées en Afrique ? — Quelles sont les principales races sauvages ? — Quelles sont celles qui se retrouvent en Asie ? — A quelles races appartiennent les populations de l'Afrique ? — A quel chiffre peut-on les évaluer ? — Indiquer les principaux peuples de race blanche. — Dans quelles régions domine la race noire ?

Exercices.

Tracer au tableau la carte physique de l'Afrique. — Tracer le cours du Nil et donner une idée générale de la disposition des grands lacs du plateau central. — Indiquer par un profil la succession des chaînes et des plateaux de l'Atlas.

CHAPITRE IV

GÉOGRAPHIE POLITIQUE DE L'AFRIQUE.

Région du nord-ouest.

QUATORZIÈME LEÇON.

I

L'**Abyssinie** est un plateau tourmenté, mais fertile, arrosé par le *Nil bleu* et l'*Atbarah*, et situé entre la mer Rouge à l'est, les pays habités par les Gallas au sud et l'empire égyptien au nord et à l'ouest. La ville principale est *Gondar* au nord du lac Tzana. La population est en partie chrétienne, en partie musulmane, mais peu civilisée et livrée à une déplorable anarchie.

II

L'**Empire Égyptien,** situé entre la Méditerranée au nord, l'isthme de Suez, la mer Rouge à l'est, l'Abyssinie et la région des grands lacs au sud, le Soudan et le désert de Libye à l'ouest, se compose : 1° du *Soudan égyptien*, qui comprend le **Darfour** et le **Kordofan**, récemment soumis, et la région du haut Nil habitée par des peuples de race nègre; 2° de la *Nubie*, pays sablonneux et brûlant, habité par une race presque noire : villes principales : *Khartoum* sur le Nil et *Massaoua*, port sur la mer Rouge; 3° de l'*Égypte*, étroite et fertile vallée couverte de plantations de coton, de moissons, de bouquets de palmiers, et semée de ruines qui rappellent son ancienne prospérité (ruines de Thèbes, Pyramides, Labyrinthe, etc.). Capitale, le *Caire*, près du Nil (350,000 h.). Villes principales : *Alexandrie* (220,000 h.), sur la Méditerranée, fondée par Alexandre le Grand, le conquérant de l'Asie, *Rosette et Damiette* sur les deux principales bouches du Nil, *Port-Saïd*, sur la Méditerranée, *Suez*, sur la mer Rouge, au débouché du canal de Suez, qui réunit la Méditerranée à la mer Rouge.

La population totale est de 16 à 17 millions d'habitants, en majorité musulmans et de race copte (descendants des anciens Égyptiens), arabe ou nègre. — Le gouvernement est une vice-royauté héréditaire sous la suzeraineté de la Turquie.

Région du nord.

Pays barbaresques (1).

I

Le **Pays de Tripoli,** possession ottomane, entre la Méditerranée et la Tunisie au nord, l'Égypte à l'est, le Sahara au sud et à l'ouest, est sablonneux et stérile. La capitale est *Tripoli*, sur la Méditerranée; les principales villes sont *Mourzouk*, *Ghadamès* et *Ghât*, sur les plateaux, rendez-vous des caravanes du Soudan. — *Population*, 1,200,000 habitants de race arabe, musulmans et en partie nomades.

II

La **Tunisie,** autrefois vassale de la Turquie, entre la Méditerranée au nord et à l'est, l'Algérie à l'ouest, le Sahara et la Tripolitaine au sud, offre de grandes analogies de sol, de climat et de productions avec l'Algérie. La capitale est *Tunis*, sur la Méditerranée, non loin des ruines de Carthage. — *Population*, 1,500,000 habitants musulmans, de race arabe et berbère.

III

L'**Algérie,** possession française, au moins aussi grande que la France, est bornée au nord par la Méditerranée; à l'ouest par le Maroc; à l'est par la Tunisie; au sud, par le *Sahara*.

Elle est sillonnée par les rameaux de l'*Atlas*, et se divise en trois régions naturelles : celle du littoral, que les indigènes appellent le *Tell*, le pays du froment, du coton, de la vigne, de l'olivier; celle des *plateaux* et des pâturages; et celle du *Sahara* et des oasis. Les cours d'eau sont rares et desséchés en été.

La population est à peine de 2 millions et demi d'habitants,

1. Ce nom vient de celui des Berbères que portent les habitants indigènes de cette partie de l'Afrique.

dont 280,000 Européens, et le reste *Arabes*, pour la plupart nomades, et *Kabyles* ou *Berbères*, pour la plupart sédentaires et professant tous la religion musulmane.

L'Algérie se divise en trois provinces qui portent le nom de leurs chefs-lieux : *Oran* à l'ouest, port sur la Méditerranée ; *Alger* (60,000 hab.), au centre, résidence du gouvernement de l'Algérie, le meilleur port de la colonie, et *Constantine*, à l'est, sur les plateaux : *Philippeville* et *Bône* sont les principaux ports de cette dernière province.

IV

L'empire indépendant du **Maroc**, entre la Méditerranée au nord, l'océan Atlantique à l'ouest, le Sahara au sud et l'Algérie à l'est, est presque couvert comme cette dernière par les chaînes de l'Atlas. Les laines et les peaux de chèvres et de moutons sont le principal objet de commerce. Les villes principales sont : *Fez*, *Maroc*, dans l'intérieur, *Tanger*, sur le détroit de Gibraltar ; *Mogador*, sur l'Atlantique.

La ville de *Ceuta* sur le détroit de Gibraltar est une possession espagnole. — *Population*, 5 à 6 millions de Berbères, musulmans.

V

Le **Sahara** est une région de sables, de plateaux et de steppes, habitée à l'ouest par les Maures ; au centre, par les Touaregs ; à l'est, par les Tibbous, presque tous musulmans et de race berbère, mélangée de sang nègre. Les populations des plateaux et des oasis sont sédentaires, mais les tribus des steppes sont nomades, adonnées au brigandage, et ce n'est qu'en leur payant tribut que les caravanes peuvent échapper à la captivité, au pillage ou à la mort.

Région centrale.

Le **Soudan** (Pays des Noirs) est une vaste et fertile région située entre le Sahara au nord, la Sénégambie à l'ouest, la Guinée et les régions inconnues de l'Afrique équatoriale au sud, et l'Empire Egyptien à l'est. Il se divise en *Soudan oriental* (*Darfour* et *Ouadaï*), dans le bassin du Nil et du lac Tchad, en partie soumis à l'Egypte ; *Soudan central* (*Bornou*, capitale Kouka, près du lac Tchad, et *Haoussa*, villes principales : Sackatou et Kanou), dans le bassin du lac Tchad et du Niger; et *Soudan occidental* (villes principales : Ségou sur le Niger, et Tombouctou), dans le bassin du Niger. Il est habité par un mélange de populations nègres, berbères et fellatahs, pour la plupart musulmanes.

Les explorateurs qui ont le plus contribué à faire connaître le Soudan sont : l'Anglais Mungo-Park, qui a reconnu le cours supérieur du Niger, le Français Caillié, qui a traversé le continent africain du Sénégal au Maroc en passant par Tombouctou, et l'Allemand Barth, dont les découvertes ont complété les notions recueillies par ses prédécesseurs sur le bassin du lac Tchad et du Niger. — Les principales productions sont le coton, les graines oléagineuses, les gommes, les plumes d'autruche, l'ivoire et la poudre d'or.

QUINZIÈME LEÇON.

Région de l'ouest.

I

La Sénégambie, située entre le Sahara au nord, l'Atlantique à l'ouest, la Guinée septentrionale au sud et le Soudan à l'est, est partagée entre les *établissements français* (250,000 habitants), capitale *Saint-Louis*, sur le Sénégal; V. pr. : *Gorée*, dans l'île du même nom, près du cap Vert; — les *établissements anglais*, sur la Gambie, et quelques comptoirs *portugais*. — Les populations, presque toutes de race nègre, sont musulmanes ou fétichistes. — Le principal commerce est celui des gommes, des graines oléagineuses et des huiles de palme; le climat est un des plus brûlants et des plus insalubres de l'Afrique.

II

La Guinée septentrionale, entre la Sénégambie et le Soudan au nord, le Congo au sud-est et l'Atlantique au sud et à l'ouest, est une région sablonneuse et inondée sur la côte, montagneuse et boisée dans l'intérieur, arrosée par l'Ogooué et plusieurs autres grands cours d'eau. Elle est partagée entre les *établissements anglais* (Freetown, Cap-Coast), *français* (le Gabon), et les royaumes indigènes de *Dahomey*, des *Achantis*, de *Bénin*, habités par des populations nègres et fétichistes. Les productions sont à peu près les mêmes que celles de la Sénégambie.

III

La **Guinée méridionale** ou **Congo,** qui s'étend sur le littoral de l'Atlantique entre l'équateur et le 18° degré de latitude méridionale et qu'arrosent le Zaïre et le Coanza, est partagée entre des royaumes nègres indépendants et les *établissements portugais.* — Ville principale : *Saint-Paul-de-Loanda,* sur l'Atlantique.

IV

Iles de l'Atlantique. — Les îles *Açores, Madères,* les îles du *Cap-Vert,* les îles *Saint-Thomas* et *du Prince,* appartiennent aux Portugais ; les îles *Canaries, Fernando-Po, Annobon* aux Espagnols ; l'*Ascension* et *Sainte-Hélène* aux Anglais.

Région méridionale.

I

Le pays des **Hottentots**, dans l'intérieur et sur l'Atlantique, au nord-ouest de la colonie du Cap, est une région sèche et sablonneuse, soumise à l'influence anglaise et habitée par des peuples pasteurs.

II

Les républiques indépendantes de l'**Orange** et du **Transwaal,** dans l'intérieur, au nord de la colonie du Cap, ont été fondées par des colons hollandais du Cap qui ont voulu se soustraire à la domination anglaise, lorsque l'Angleterre s'empara de cette ancienne possession hollandaise, au commencement de notre siècle. Leur territoire est un des plus fertiles de l'Afrique australe.

III

La *colonie anglaise du* **Cap**, villes principales : le *Cap,* sur l'Atlantique, et *Port-Elisabeth,* sur l'Océan Indien, occupe la pointe méridionale de l'Afrique. Ses vins, ses laines, ses innombrables bestiaux, ses mines de cuivre et de diamants lui assurent une haute importance commerciale. Le climat est du reste tempéré et très-supportable pour les Européens.

IV

La *colonie anglaise* de **Natal**, sur l'océan Indien, au nord de la colonie du Cap et à l'est de la République de l'Orange, exploite des mines d'or et cultive le coton et la canne à sucre.

V

La **Cafrerie** indépendante, sur l'océan Indien et dans l'intérieur, est habitée par des populations destinées à subir tôt ou tard le joug de l'Angleterre ou des républiques hollandaises.

Région orientale.

I

La côte de **Mozambique**, habitée par des populations de race cafre ou nègre, et dominée par les Portugais, s'étend du cap Corrientes au cap Delgado. Elle a pour villes principales, *Mozambique*, dans une île de l'océan Indien, et *Tété* sur le Zambèze, rendez-vous des caravanes de l'intérieur.

II

La côte de **Zanguebar**, située au nord du cap Delgado et dominée par les Arabes, a pour principal marché *Zanzibar*, dans l'île du même nom (océan Indien), où les caravanes apportent de la région des grands lacs et des plateaux, l'ivoire, les gommes, et viennent vendre, malgré la surveillance européenne, les esclaves nègres amenés de l'intérieur.

III

Les côtes de **Somal** jusqu'au cap Guardafui, et d'**Adel** jusqu'à l'Abyssinie sont habitées par des populations à demi sauvages, de race nègre ou galla mêlée de sang arabe.

IV

Iles de l'océan Indien. — *Madagascar*, la plus grande île de l'Afrique, couverte en partie de montagnes boisées, en partie de marécages et de rizières, est soumise presque tout entière à un peuple de race malaise, les Howas.

La capitale est *Tananarive*, au centre de l'île ; le principal port, *Tamatave*, à l'est.

L'île *Sainte-Marie*, les îles *Nossi-Bé*, *Mayotte*, l'île de la *Réunion*, capitale *Saint-Denis*, sont des possessions françaises.

L'*Ile-de-France* ou *Maurice*, capitale *Port-Louis*, ancienne colonie française, est aujourd'hui une possession anglaise, enrichie par la culture de la canne à sucre.

Les îles *Amirantes* et *Seychelles* appartiennent également à l'Angleterre.

L'île *Socotora* est indépendante.

RÉSUMÉ.

XIV

Région du nord-est.

I. L'Abyssinie, située entre la mer Rouge à l'est, les pays habités par les Gallas au sud, l'empire égyptien à l'ouest et au nord, est divisée en royaumes indépendants.

Ville principale : Gondar.

II. L'EMPIRE ÉGYPTIEN, situé entre la mer Rouge et l'isthme de Suez à l'est, la Méditerranée au nord, le désert de Libye et le Soudan à l'ouest et au sud, comprend : 1° le *Soudan égyptien* ;

2° La *Nubie*. *Ville principale* : Khartoum, sur le Nil ;

3° L'*Egypte*. *Capitale* : le Caire (350,000 h.), sur le Nil.

Villes principales : Alexandrie, Port-Saïd, sur la Méditerranée, Suez sur la mer Rouge, au débouché du canal de Suez, qui réunit la Méditerranée à la mer Rouge.

La *population* est de 17 millions d'habitants de race copte, arabe et nègre, en majorité musulmans.

Le *gouvernement* est une vice-royauté héréditaire sous la suzeraineté de la Turquie.

Région du nord.

Pays barbaresques.

I. Le GOUVERNEMENT DE TRIPOLI, situé entre la Méditerranée au nord, la Tunisie à l'ouest, le Sahara au sud, l'empire égyptien à l'est, est une possession ottomane.

Capitale. Tripoli.

II. La TUNISIE, entre la Méditerranée au nord et à l'est, la

Tripolitaine et le Sahara au sud, l'Algérie à l'ouest, a pour *capitale* Tunis.

III. L'Algérie, possession française, a pour capitale *Alger* sur la Méditerranée.

IV. L'empire indépendant du Maroc, entre la Méditerranée au nord, l'Atlantique à l'ouest, le Sahara au sud et l'Algérie à l'est, a pour

Villes principales : Fez, Maroc dans l'intérieur; Tanger, sur le détroit de Gibraltar, Mogador, sur l'Atlantique.

V. Le Sahara, région de sables et de steppes, entre les pays barbaresques au nord, l'empire égyptien à l'est, le Soudan au sud et l'Atlantique à l'ouest, est habité par des populations musulmanes, d'origine berbère.

Région centrale.

Le Soudan, situé au centre du continent, se divise en *Soudan oriental* (*Darfour* et *Ouadaï*), en partie soumis par l'Egypte.

Soudan central (*Bornou*, capitale, *Kouka*; et *Haoussa*, ville principale : *Kanou*).

Soudan occidental (villes principales : *Ségou*, sur le Niger, et *Tombouctou*).

La population est un mélange de nègres et de berbères, pour la plupart musulmans.

XV

Région de l'ouest.

I. La Sénégambie, entre le Sahara au nord, l'Atlantique à l'ouest, le Soudan à l'est et la Guinée au sud, est partagée entre les *établissements français*. Capitale *Saint-Louis*, sur le Sénégal ; v. pr. *Gorée*, dans l'île du même nom.

Les *établissements anglais* et quelques comptoirs *portugais*.

II. La Guinée septentrionale, entre les monts de Kong et l'Atlantique, est partagée entre les *établissements anglais*, les *comptoirs français* (le Gabon) et les royaumes indigènes habités par des populations nègres et fétichistes.

III. La Guinée méridionale ou Congo est partagée entre des royaumes nègres indépendants et les *établissements portugais :* v. pr. *Saint-Paul de Loanda*.

IV. Iles de l'Atlantique. Les îles *Açores*, *Madères*, du *Cap-Vert*, *Saint-Thomas*, *du Prince* appartiennent aux Portugais.

Les îles *Canaries*, *Fernando-Po*, *Annobon*, aux Espagnols. *Ascension* et *Sainte-Hélène*, aux Anglais.

Région méridionale.

I. Le pays des Hottentots, dans l'intérieur et sur l'Atlantique, est soumis à l'influence anglaise.

II. Les républiques indépendantes du Fleuve Orange et du Transwaal occupent avec les tribus Cafres l'intérieur du plateau austral.

III. La *colonie anglaise du* Cap occupe l'extrémité méridionale du continent.

V. pr. : *Le Cap*, sur l'Atlantique, et *Port-Elisabeth*, sur l'océan Indien.

IV. La *colonie anglaise de* Natal est située sur l'océan Indien.

Région orientale.

I. La côte de Mozambique, entre l'océan Indien et les monts Lupata est dominée par les Portugais.

V. pr. *Mozambique*, sur l'océan Indien.

II. La côte de Zanguebar, entre l'océan Indien et la haute région des lacs est dominée par les Arabes.

V. pr. *Zanzibar*, dans l'île du même nom (océan Indien).

III. Côtes de Somal et d'Adel.

IV. Iles de l'océan Indien. *Madagascar*, indépendante. Capitale, *Tananarive*; port principal, *Tamatave*.

Ile Sainte-Marie, *îles Nossi-Bé*, *Mayotte*, colonies françaises.

Ile de la Réunion. Capitale, *Saint-Denis*, colonie française.

Ile de France ou *Maurice*. Capitale, *Port-Louis*, possession anglaise.

Iles Amirantes et Seychelles, possessions anglaises. — Ile *Socotora*.

Colonies européennes. *Françaises* : Algérie, Sénégambie, Gabon, îles de la Réunion, Sainte-Marie, Nossi-Bé, Mayotte.

Anglaises : Comptoirs du Sénégal et de Guinée, colonie du Cap, Port-Natal, îles de l'Ascension, Sainte-Hélène, Maurice, Amirantes, Seychelles.

Portugaises : Congo, Mozambique, îles Açores, Madères, du Cap-Vert, Saint-Thomas, du Prince.

Espagnoles : Iles Canaries, Fernando-Po, Annobon ; Ceuta, au Maroc.

Questionnaire.

DESCRIPTION PARTICULIÈRE DE CHAQUE CONTRÉE.

Quelles sont les bornes de...? (Indiquer le nom de la contrée). — Quelle est la configuration générale du pays? — Quelles sont les chaînes de montagnes, fleuves, lacs, etc.? — (S'il s'agit de pays encore mal connus) rappeler les noms des explorateurs les plus récents. — Indiquer les capitales et villes principales (en particulier les ports). — Indiquer les établissements européens et les nations auxquelles ils appartiennent. — Quel est le climat du pays? — Quelles sont les principales productions? — A quelle race appartient la population? — Quelle est la religion? — Quel est l'état de la civilisation?

Exercices.

Indiquer sur une carte muette la situation des principales colonies européennes.

Tracer la carte de l'Egypte, — du Maroc, etc.

LIVRE IV

NOUVEAU CONTINENT

Amérique.

Le continent américain situé entre le 37ᵉ et le 170ᵉ degré de longitude occidentale, entre le 56ᵉ de latitude S. et une latitude encore inconnue, mais voisine du pôle, au nord, se divise en deux grandes masses de terres réunies par l'isthme étroit de Panama, l'Amérique du Nord et l'Amérique du Sud.

Les anciens ne connaissaient pas l'Amérique, et bien qu'au xᵉ siècle ap. J.-C. des navigateurs normands aient abordé sur les côtes septentrionales du continent, cette nouvelle partie du monde n'a été vraiment révélée à l'Europe que par le génois Christophe Colomb, navigateur au service de l'Espagne, qui découvrit en 1492 une partie des îles nommées Antilles, et en 1498 les côtes septentrionales de l'Amérique du Sud.

CHAPITRE I

DESCRIPTION PHYSIQUE DE L'AMÉRIQUE DU NORD.

SEIZIÈME LEÇON.

I

Notions générales.

Grandes divisions. — L'Amérique du Nord comprend, sans compter les **Terres Arctiques** dont la plus considérable est le *Groenland* et qui sont baignées par l'océan Glacial, six grandes régions :

1° Au **nord,** l'ancienne Amérique russe, aujourd'hui *territoire d'Alaska,* et la Nouvelle-Bretagne ;

2° Au **centre,** les Etats-Unis ;

3° Au **sud**, le Mexique, les républiques de l'Amérique centrale et les Antilles.

Bornes et superficie. — L'Amérique du Nord, qui s'étend entre le 55° et le 170° degré de longitude occidentale, le 72° et le 9° de latitude N. (sans y comprendre les Terres Arctiques), est bornée au *nord* par l'**océan Glacial arctique;**

A l'*est* par l'**océan Atlantique;**

Au *sud* par le *golfe du Mexique*, la *mer des Antilles* et l'*isthme de Panama;*

A l'*ouest* par l'**océan Pacifique** et le détroit de *Behring*, qui la sépare de l'Asie.

La superficie totale, sans y comprendre celle des terres polaires, dont on ne peut évaluer rigoureusement l'étendue, est de 20 millions de kilomètres carrés.

II

Les Terres arctiques.

Au nord de l'Amérique s'étend l'océan Glacial arctique qui prend sur la côte occidentale du *Groënland* le nom de mer de *Baffin*, et qui communique avec l'océan Pacifique par le détroit de *Behring;* avec l'océan Atlantique par le détroit de *Davis*.

Les îles et les terres situées dans l'océan Glacial ont été jusqu'ici regardées comme une dépendance de l'Amérique du Nord. Privées pendant plusieurs mois de la lumière et de la chaleur du soleil, les terres polaires, là où elles ne sont pas ensevelies sous des glaces éternelles, n'ont d'autre végétation que des mousses, des lichens, quelques saules rabougris, et quelques groseilliers sauvages. Les animaux sont plus nombreux. L'ours blanc, le renne, le chien, le renard, le lièvre arctique, d'innombrables oiseaux peuplent ces régions désolées; la mer fourmille de poissons et sert de refuge au phoque et à la baleine poursuivis par les pêcheurs américains ou européens. Des tribus d'*Esquimaux*, aux yeux obliques, aux longs cheveux plats, aux pommettes saillantes, au teint cuivré, bravent les rigueurs du climat polaire et parcourent avec leurs traîneaux attelés de chiens ou leurs barques de cuir de phoque ce morne domaine de l'hiver.

Les principales terres arctiques situées au nord de l'Amérique sont : 1° le **Groënland** (Terre-Verte), véritable continent, aux côtes profondément découpées, et dont l'intérieur est inconnu. Les *Danois* possèdent quelques établissements sur la côte occidentale;

2° Les terres de *Grinnell* et d'*Ellesmere* séparées du Groënland par le détroit de *Smith*; la Terre de *Baffin* à l'ouest du détroit de *Davis*; la Terre du *Devon septentrional* et la Terre du *Roi-Guillaume*, séparées par le détroit de *Lancastre*; l'île du *Prince-de-Galles* et l'île *Bathurst* séparées par le détroit de *Barrow*; la Terre de *Banks* et l'île *Melville* séparées par le canal de *Mac-Lure*.

Ces trois derniers détroits ouvrent une communication entre la mer de Baffin et l'océan Glacial occidental qui ne paraît renfermer aucune île importante, mais ils sont pendant toute l'année obstrués par les glaces.

Fig. XXVII. — Le renne. (Hauteur de la figure : 4 centimètres; hauteur réelle de l'animal : 1 mètre).

Au nord de l'Europe les deux principaux groupes de Terres arctiques sont le *Spitzberg* découvert au milieu du XVIe siècle par des marins anglais et retrouvé en 1595 par le hollandais Barentz et la Terre *François-Joseph* visitée en 1874 par une expédition autrichienne.

Passage Nord-Ouest. Voyages au pôle Nord. — Dès le XVIe siècle, les navigateurs anglais se préoccupèrent de découvrir au nord de l'Amérique un passage qui permit de se rendre en Chine et aux Indes par une route plus courte que celle du cap de Bonne-Espérance.

Ils retrouvent le Groënland, entrevu au xe siècle par les navigateurs normands et explorent les détroits et les mers qui portent encore leurs noms (*Davis*, *Hudson*, *Baffin*), mais la plupart de ces expéditions se terminèrent par des catastrophes.

Fig. XXVIII. — Glaces flottantes.

En 1725, le Danois *Behring*, au service de la Russie, franchit le détroit de Behring qui sépare l'Amérique de l'Asie.

De 1819 à 1829, les Anglais *Parry* et *Ross* reconnaissent les détroits de *Lancastre* et de *Barrow* et explorent les côtes de l'île *Melville*, de l'île *Bathurst*, et du Groënland occidental.

En 1837, sir *John Franklin* constate enfin l'existence du passage nord-ouest cherché depuis si longtemps; mais en 1845 il part pour une nouvelle expédition qui doit lui coûter la vie.

Parmi les nombreux voyageurs qui s'acharnèrent, de 1848 à 1859, à la recherche de Franklin, on doit citer *Mac-Lure* qui, en 1850, découvrit, en partant du détroit de Behring, le canal qui porte son nom, entre l'île *Melville* et l'île de *Banks*, et confirma ainsi la première découverte de Franklin; et *Kane*, voyageur américain, qui, en 1854, s'avança en traîneau au-delà du 81° degré de latitude N. En 1861, un autre Américain, *Hayes*, dépassa le terme atteint par Kane; mais constata que la mer libre que ce voyageur avait cru apercevoir était couverte de glaces. Depuis ce moment les expéditions au pôle nord se sont multipliées; l'Angleterre, la Suède, l'Allemagne, l'Autriche, les Etats-Unis ont équipé des navires qui ont hardiment pénétré au milieu des glaces arctiques. Les plus importantes de ces explorations sont celles du capitaine américain Francis *Hall* qui a dépassé avec son navire le *Polaris*, le 82° degré de latitude N., et des marins autrichiens *Payer* et *Weyprecht* qui, en 1874 ont découvert au nord du Spitzberg un groupe d'îles glacées nommées par eux *Terre François-Joseph*.

DIX-SEPTIÈME LEÇON.

Océan Atlantique. Les mers et les rivages de l'Amérique du Nord. — Le cap *Charles*, à l'extrémité nord-est de la presqu'île du Labrador, et le cap *Farewell* à l'extrémité méridionale du Groënland marquent l'entrée d'un large canal, bordé de côtes escarpées et stériles, qui se rétrécit pour former le détroit de Davis et qui fait communiquer les mers arctiques avec l'océan Atlantique.

Entre la presqu'île du Labrador et les côtes glacées de la Nouvelle-Bretagne s'étend un vaste golfe, la mer ou baie d'**Hudson**, qui communique avec l'océan Atlantique par le détroit d'*Hudson* entre le Labrador et la terre de Fox.

Du cap Charles à la pointe septentrionale de la presqu'île de l'*Acadie* ou *Nouvelle-Ecosse*, s'ouvre sur les côtes de la Nouvelle-Bretagne le golfe du *Saint-Laurent*, espèce de petite mer intérieure séparée de l'Atlantique par une barrière d'îles rocheuses et boisées, comme celles d'*Anticosti*, du *Prince-Edouard* et du *Cap-Breton*, ou sablonneuses, stériles, enveloppées de brouillards comme la grande île de *Terre-Neuve* et les îlots de *Saint-Pierre* et de *Miquelon*. C'est dans le golfe du Saint-Laurent et sur le banc de Terre-Neuve que la pêche de la morue réunit chaque année près de 1,800 navires et de 50,000 matelots anglais, américains et français.

Depuis la baie de *Fundy*, qui baigne les côtes occidentales de la Nouvelle-Ecosse, jusqu'au cap *Hatteras*, le littoral des Etats-Unis est bordé de rochers et d'îlots granitiques, découpé par des baies nombreuses et profondes, la baie de *New-York*, celle de la *Delaware*, celle de *Chesapeake*; depuis le cap *Hatteras* jusqu'au cap *Sable*, à l'extrémité de la presqu'île de *Floride*, il est bas, marécageux, couvert de lagunes et de plages sablonneuses.

A l'est du cap *Hatteras* s'élève au milieu de l'Atlantique

un groupe d'îles rocailleuses, les *Bermudes*, entourées de dangereux récifs.

Le golfe du Mexique. — Entre le cap *Sable*, dans la presqu'île de Floride, et le cap *Catoche*, dans la presqu'île de *Yucatan*, s'étend un vaste bassin presque circulaire, le golfe du Mexique, qui communique avec l'océan Atlantique par le détroit ou canal de *Bahama*, et avec la mer des Antilles par le *canal de Yucatan*. Les côtes sont basses, insalubres et désolées par la fièvre jaune.

La mer des Antilles. Les Antilles. — Au sud du golfe du Mexique, entre l'Amérique centrale, l'Amérique méridionale et les Antilles, s'allonge une sorte de méditerranée, la mer des **Antilles**, dont les plus grandes profondeurs connues dépassent 4,000 mètres, tandis que celles du golfe du Mexique n'atteignent pas 3,000 mètres.

Fig. XXIX. — Champ de cannes à sucre (haut. de la tige, 3m,50 à 4 mètres).

Du cap Sable à l'embouchure du fleuve Orénoque dans l'Amérique du Sud, s'étend une barrière d'îles, sommet d'une chaîne de montagnes sous-marines qui sépare la mer des Antilles de l'Atlantique. Elles se divisent en trois groupes :

Au nord les îles **Lucayes** ou **Bahama,** îlots rocheux dont le plus connu est *San-Salvador*, aujourd'hui *Wattlings*, la première terre américaine découverte par Christophe Colomb en 1492;

Au centre, les **Grandes Antilles,** *Cuba*, île longue et

étroite, couverte sur la côte de plantations de cannes à sucre, de tabac, de coton, de café, tandis que les montagnes de l'intérieur sont couronnées d'immenses forêts de cèdres, d'acajous et d'ébéniers ; la *Jamaïque; Saint-Domingue* ou *Haïti*, grande île volcanique, avec ses mornes sauvages, ses savanes parcourues par des troupeaux de bœufs, ses forêts d'acajous et de bois de campêche, ses plaines où croissent le tabac, le coton, le cacao, la canne à sucre et le café ; *Porto-Rico*, plus petite, mais aussi fertile et mieux cultivée;

Au sud les **Petites Antilles,** *Saint-Thomas, Sainte-Croix, Saint-Martin, Antigoa, Saint-Christophe, la Guadeloupe, la Martinique, Sainte-Lucie, Saint-Vincent, la Barbade, Grenade, Tabago, la Trinité, Curaçao*, terres fertiles, mais montagneuses et souvent bouleversées par des tremblements de terre.

Cette partie de l'Amérique a été plus particulièrement désignée sous le nom d'Indes occidentales qui a fini par s'étendre à tout le continent (d'où le nom d'Indiens donné encore aujourd'hui à ses habitants indigènes). Christophe Colomb ne cherchait pas un nouveau continent dont il ignorait l'existence, mais une route plus courte pour se rendre dans l'Asie méridionale et orientale. En 1492 il crut avoir abordé aux Indes, et, quand son erreur fut reconnue, l'habitude avait déjà consacré ce nom inexact qui s'est conservé.

L'océan Pacifique. — La mer des Antilles et le golfe du Mexique sont séparés de l'océan Pacifique par un isthme qui s'élargit en remontant vers le nord et qui prend le nom d'Amérique centrale et de Mexique. Les côtes de cet isthme, basses et sablonneuses sur le golfe du Mexique et la mer des Antilles, sont en général plus élevées sur l'océan Pacifique et découpées par des golfes assez nombreux dont le plus connu est celui de *Tehuantepec*.

Entre le Mexique et la presqu'île aride et rocheuse de la *Vieille-Californie* qui se termine par le cap *Saint-Lucas*, s'enfonce un golfe long et étroit, la *mer Vermeille* ou *golfe de Californie*, fameux par ses pêcheries de perles.

Depuis la presqu'île de *Californie* jusqu'à l'île *Vancouver* (1), le littoral de l'océan Pacifique (Etats-Unis) est accidenté, creusé de baies sûres et profondes, bordé de collines boisées ou de plaines fertiles qui descendent en pente douce vers la mer.

(1) Vancouver est un navigateur anglais du XVIIIe siècle.

Depuis l'île de *Vancouver* jusqu'à la presqu'île d'*Alaska* qui marque l'entrée de la mer de Behring, les côtes, en général élevées, bordées de rochers, couvertes de forêts, sont semées d'îles montagneuses, l'île de *Vancouver*, l'archipel de la *Reine-Charlotte*, du *Prince-de-Galles*, du *Roi-Georges* et des îles *Aléoutiennes*, jetées comme un pont entre l'Amérique et l'Asie, dans le prolongement de la presqu'île d'*Alaska*.

Les côtes de la mer et du détroit de Behring jusqu'au cap du *Prince-de-Galles* qui marque l'entrée de l'océan Glacial sont profondément découpées, mais sauvages, glacées, et à peu près inhabitées. Cependant la pêche du phoque et de la baleine attire dans ces parages désolés de nombreux navires anglais et américains.

DIX-HUITIÈME LEÇON.

III

Montagnes. Plateaux. Prairies.

Les montagnes Rocheuses. — L'Amérique du Nord est traversée du nord au sud, depuis le cap du Prince-de-Galles jusqu'à l'isthme de Panama, par une longue chaîne de montagnes qui porte successivement les noms de *Montagnes Rocheuses*, de *Cordillère du Mexique*, et de *Cordillère de Guatémala*.

Ce massif, composé de plusieurs branches parallèles que séparent des vallées profondes ou des steppes sablonneux, forme, d'un bout à l'autre du continent, un immense plateau dont la ligne de faîte est dessinée par des pics sourcilleux élevés de 4,000 à 5,000 mètres. Sur le territoire de la Nouvelle-Bretagne, depuis les limites du territoire d'Alaska jusqu'aux frontières des Etats-Unis, le versant oriental des montagnes Rocheuses s'élève rapidement par des rangées de collines couvertes de sapins, au-dessus desquelles se dresse une chaîne de pics enveloppés de brouillards et dominés par les têtes neigeuses du mont *Robson* et du mont *Brown* qui dépassent 4,500 mètres. Le versant occidental qui se prolonge jusqu'à l'océan Pacifique sur une largeur de près de 600 kilomètres, est un chaos de montagnes escarpées, de gorges sauvages où roulent des torrents et que couronnent des forêts de cèdres et de sapins.

Depuis la frontière des Etats-Unis jusqu'à celle du Mexique, les premières pentes des montagnes Rocheuses sont dessinées sur le versant oriental par des plateaux taillés en gradins, les uns hérissés de rochers aux formes bizarres et qui ressemblent aux ruines de villes détruites, les autres sablonneux, couverts de plantes épineuses, et creusés de ravins étroits au fond desquels roulent, entre deux murailles de rochers, des rivières impétueuses. Au pied des montagnes s'ouvrent çà et là des cirques profondément encaissés, arrosés par des eaux limpides, couverts d'un tapis de verdure, ombragés par des forêts d'érables et de pins rouges et qui portent le nom de parcs; la ligne de faîte est couronnée de cimes neigeuses, le pic *Frémont*, le pic *Long*, le mont *Pike*, qui dépassent 4,000 mètres.

Les montagnes se prolongent dans le versant occidental par des vallées sauvages que domine une seconde chaîne parallèle à la branche principale, et par des plateaux élevés, arides, semés de lacs salés et arrosés par des torrents. L'ours gris l'ours noir, l'aigle et le vautour ont été longtemps les seuls habitants de ces tristes régions, mais la découverte des mines d'or et d'argent y a attiré les émigrants et des villes s'élèvent aujourd'hui, là où l'Indien lui-même n'avait jamais dressé sa cabane de branchages et de terre battue.

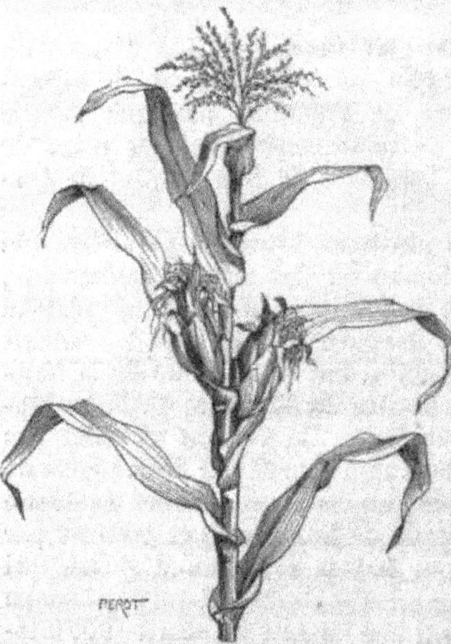

Fig. XXX. — Maïs (la long. de la tige est de 60 cent à 2 m.; celle de l'épi de 10 à 20 c.).

Chaînes du littoral occidental. — Parallèlement à la côte et dans la même direction que les montagnes Rocheuses s'étend, depuis la presqu'île d'*Alaska* jusqu'au cap *Saint-Lucas* dans la *Vieille-Californie*, une chaîne granitique désignée sous le nom de *monts des Cascades*, de *Sierra Nevada*, de *montagnes de la Vieille-Californie*, et dont les terrasses boisées dominent l'étroite lisière de plaines baignées par l'océan Pacifique. Les sommets les plus élevés de cette chaîne, le volcan *Saint-Elie* (territoire d'Alaska) et le mont *Hood* (Etats-Unis) paraissent dépasser 5,000 mètres.

Le chemin de fer transcontinental. — Les montagnes Rocheuses et la chaîne du littoral sont percées d'un grand nombre de défilés, et franchies dans la partie centrale de la chaîne par un chemin de fer qui réunit l'océan Atlantique à l'océan Pacifique et qui porte le nom de Ligne Transcontinentale.

Plateau du Mexique. — A partir de la frontière mexicaine, les deux rebords du plateau dominent par une pente rapide le golfe du Mexique et l'océan Pacifique, tandis que la ligne de faîte se prolonge au centre de cet isthme, qui se rétrécit peu à peu en descendant vers le sud, par des groupes volcaniques dont le point culminant, le *Popocatepetl* (montagne fumante), atteint 5,540 mètres.

Fig. XXXI. — Bananier (haut. 4 à 5 mètr.)

Au pied de ces montagnes, dont les flancs sont revêtus de forêts de cèdres et de sapins, s'étendent sur le sommet du plateau des plaines nues, arides, sans arbres, véritables steppes au climat tour à tour glacé et brûlant. Sur les pentes du plateau et dans les hautes vallées réussissent le froment, le maïs, le tabac, les plantes d'Europe; plus bas, sur la limite des terres tempérées et des terres chaudes, le poivrier, le cotonnier, la canne à sucre, le cacao; enfin, dans les plaines qui bordent les deux océans et sur les premières pentes jusqu'à une hauteur de cinq à six cents mètres, le palmier, le bananier, le bois de campêche, la vanille, etc.

Isthme de l'Amérique centrale. — Le plateau du *Guatémala*, plus étroit que celui du Mexique, mais presque aussi élevé, car les sommets volcaniques de la Cordillère atteignent 4,000 mètres, présente les mêmes caractères; mais à mesure qu'on se rapproche de l'isthme de Panama, la Cordillère se rétrécit et s'abaisse. Elle finit par occuper toute la largeur de l'isthme qui n'a plus que 50 kilomètres d'une mer à l'autre; et quelques-unes des dépressions ne paraissent pas élevées de plus de 50 mètres au-dessus du niveau de l'océan.

La région des plaines. Les prairies. — A l'est du grand plateau des montagnes Rocheuses, depuis l'océan Glacial jusqu'au golfe du Mexique, s'étend une région de plaines à peine interrompues par quelques groupes de hauteurs isolées. Au nord, sur les bords de l'océan Glacial et de la mer d'Hudson, cette plaine, semée de lacs et de tourbières, hérissée de roches granitiques et de chaussées de basalte, enveloppée d'épais brouillards, n'a d'autre végétation, d'autres animaux que ceux des terres polaires, et d'autres habitants que quelques tribus d'*Esquimaux*.

Au sud de cette région désolée, s'étend une zone de forêts où le feuillage blanchâtre du bouleau, du saule et du peu-

Fig. XXXII. — Bison (cet animal est de la taille des plus grands bœufs).

plier d'Amérique tranche avec la sombre verdure des sapins et des cèdres. Au delà de cette région forestière, entre les montagnes Rocheuses, les grands lacs de la Nouvelle-Bretagne et le cours du Mississipi, commencent les prairies, steppes dont les ondulations monotones ressemblent à des vagues pétrifiées, où les rivières coulent entre des berges profondes, mais sans qu'aucune colline dessine leur bassin. Les seuls habitants de ces déserts étaient encore, il y a peu d'années, des tribus d'Indiens nomades, quelques chasseurs européens, et les immenses troupeaux de bisons et d'antilopes qui fournissent à l'Indien sa nourriture et son vêtement. Aujourd'hui la prairie recule peu à peu devant la civilisation : déjà la limite des steppes se couvre, dans le nord, de moissons de froment et de maïs, dans le sud de plantations de coton; un chemin de fer traverse les prairies, gravit les montagnes Rocheuses et coupe les Etats-Unis de l'est à l'ouest par une ligne de 5,200 kilomètres qui permet de franchir le continent en sept jours. Le bison et l'Indien disparaissent devant le colon européen, et on peut prévoir l'époque où des villes florissantes remplaceront la hutte du sauvage et où le désert cultivé deviendra le grenier d'abondance de l'Amérique et de l'Europe.

Les monts Alleghanys et le plateau des Apalaches. — Au delà du Mississipi et des lacs, entre la région des grandes plaines et le littoral de l'Atlantique, s'élève une chaîne de montagnes, sans grands sommets, dont la hauteur moyenne ne dépasse pas 1,000 mètres au-dessus de la mer, et qui, sous différents noms, s'étend depuis l'embouchure du Saint-Laurent jusqu'à l'extrémité de la Floride, où elle s'efface dans des plaines marécageuses. Elle est formée de plusieurs branches parallèles, dont la plus orientale porte les noms de *Montagnes Vertes* (Nouvelle-Bretagne) et de *Montagnes Bleues* (Etats-Unis), et la plus occidentale ceux de monts *Alleghanys* et de monts *Cumberland*. Entre ces deux chaînes courent de profondes vallées qui viennent se perdre dans le plateau des Apalaches, large terrasse couverte de forêts et de marécages qui se rétrécit en descendant vers le sud et se termine par les collines rocheuses de la Floride.

DIX-NEUVIÈME LEÇON.

IV

Les fleuves et les lacs.

Les deux grands versants. — L'Amérique du Nord est divisée par les montagnes Rocheuses, la Cordillère du Mexique et celle de Guatémala en deux grands versants, celui des mers Arctiques et de l'Atlantique à l'est et celui du Pacifique à l'ouest.

Fleuves du versant occidental. — Le versant du Pacifique, plus étroit et plus montagneux, est arrosé par des cours d'eau qui descendent tous des montagnes Rocheuses et dont les principaux sont, du nord au sud : le **Youkon** (Alaska, 3,500 kilomètres), couvert de glaces pendant neuf mois de l'année et qui se jette dans la mer de Behring;

Le **Frazer**, qui prend sa source au pic de Robson (Nouvelle-Bretagne), coule au milieu des rochers et des forêts dans une vallée dominée par trois étages successifs de terrasses taillées à pic, et débouche dans le canal qui sépare l'île Vancouver du continent;

La **Columbia** ou *Orégon*, formée par la réunion de l'*Orégon*, qui sort d'un lac des montagnes Rocheuses (Nouvelle-Bretagne) et de la rivière *Lewis* qui prend sa source non loin du pic de Frémont, traverse des plateaux sablonneux et s'y creuse un lit entre deux murailles perpendiculaires sur un fond de rochers dont elle descend les gradins par une série de cataractes;

Le **Sacramento**, qui descend de la Sierra Nevada et forme à son embouchure une des plus belles rades du monde;

Le **Rio Colorado** (Etats-Unis) ou rivière Verte, qui descend du pic de Frémont, coule du nord au sud et se jette dans la mer Vermeille. Quant au plateau du Mexique, les rares cours d'eau qu'il verse à l'océan Pacifique ne sont pas navigables.

Bassin des mers Glaciales. Fleuves et lacs. — Le versant oriental se subdivise en trois grands bassins. 1° Celui de l'**océan Glacial** et de la mer d'**Hudson**, limité à l'est par les montagnes Rocheuses, au sud par une série de plateaux boisés, de prairies élevées et de collines granitiques qui se prolongent jusqu'au cap Charles dans le Labrador, est arrosé par deux grands fleuves. Le **Mackensie** (4,000 kilom.) porte le nom d'un voyageur américain, à qui nous devons la première exploration de ce bassin désert (XVIIIe siècle); il est formé par la réunion de plusieurs cours d'eau sortis des montagnes Rocheuses, et coule du sud au nord, vers l'océan Glacial, en traversant le lac de l'*Elan* (lac Athabasca) et celui de l'*Esclave*, et en recevant sur sa rive droite les eaux du lac du *Grand-Ours*, couvert de glace même au mois de juin.

Le lac de l'*Elan*, en même temps qu'il s'écoule par le Mackensie, se déverse également par une autre branche, la rivière *Churchill*, dans la mer d'Hudson.

Le **Saskatchaouanne**, formé de deux branches qui prennent leur source dans le même massif que l'Orégon, traverse le grand lac *Ouinnipeg*, grossi des eaux de la *Rivière rouge*, et s'écoule sous le nom de *Nelson* dans la mer d'Hudson.

Bassin de l'Atlantique. Le Saint-Laurent et les grands lacs. — 2° Le **bassin de l'Atlantique**, limité à l'ouest par la chaîne des Alleghanys, au nord par les prairies élevées qui bordent les grands lacs et par le dos de pays qui le sépare du bassin de la mer d'Hudson, est arrosé par de belles rivières navigables qui descendent du plateau des Apalaches ou des Montagnes Vertes, la *rivière James*, le *Potomac*, la *Delaware*, l'*Hudson*, et par un fleuve immense, large de 400 kilom. à son embouchure, le **Saint-Laurent** exploré pour la première fois, dans la première moitié du XVIe siècle, par un Français *Jacques Cartier*. Grossi dans la partie inférieure de son cours par l'*Ottawa* (rive gauche) et par la rivière *Richelieu* (rive droite), qui lui apporte les eaux du lac *Champlain*, le Saint-Laurent sert de déversoir au plus vaste amas d'eaux douces qui existe à la surface du globe, aux cinq grands lacs *Supérieur*, *Huron*, *Michigan*, *Erié* et *Ontario*. Les quatre premiers communiquent par de longs détroits, resserrés entre des murailles de rochers; mais entre le lac Erié et le lac Ontario, la différence de niveau est considérable; les eaux de l'Erié se sont creusé dans le roc un canal où elles se resserrent en bouillonnant, puis aboutissent tout à coup à un gouffre dont les parois sont taillées à pic. La masse entière se précipite d'une hauteur de 50 mètres, sur une largeur d'environ 500 et rejaillit en tourbillons d'écume avec le bruit du tonnerre (1). Ce sont les fameuses chutes du *Niagara*, l'une des merveilles du Nouveau-Monde.

Bassin du golfe du Mexique. Le Mississipi. — 3° Le **bassin du golfe du Mexique**, est limité à l'ouest par les montagnes Rocheuses, au nord par le plateau des Grands lacs, à l'est par les monts Alleghanys. Il est arrosé par un grand nombre de cours d'eau importants,

(1) *Niagara* signifie dans la langue des Indiens l'eau qui tonne.

l'*Alabama*, le *Rio Colorado* du Texas, le *Rio grande del Norte*, qui sépare les Etats-Unis du Mexique, mais aucun ne saurait rivaliser avec le roi des fleuves de l'Amérique du Nord, le **Mississipi** (5,000 kilomètres), le Père des eaux, comme l'appellent les Indiens. Ce grand fleuve qu'un français *Cavelier de la Salle*, descendit pour la première fois jusqu'à son embouchure (XVIIe siècle), prend sa source dans les plateaux marécageux situés au sud du bassin des grands lacs et coule presque directement du nord au sud, bordé sur la rive gauche de forêts et de marécages, sur la rive droite de savanes et de plaines sans fin. Ses eaux sillonnées aujourd'hui par des milliers de bateaux à vapeur et de bateaux plats, roulent des troncs d'arbres déracinés, espèces d'îles flottantes qui souvent s'entassent autour d'un banc de sable, s'y fixent, et obstruent le cours du fleuve embarrassé par ces digues sans cesse déplacées et renouvelées. Les îles sont si nombreuses du reste que les Américains au lieu de leur donner des noms les désignent par des numéros. A son embouchure, le Mississipi se divise en plusieurs branches qui arrosent un delta marécageux couvert d'immenses rizières.

Les affluents du Mississipi sont : à gauche l'*Illinois*, qui prend sa source au sud du lac Michigan, et l'*Ohio* grossi du *Tennessee* qui lui apportent les eaux des monts Alleghanys ; à droite le **Missouri** (4,000 kil.), qui devrait être regardé comme la branche principale du grand fleuve, et qui lui apporte soit par lui-même, soit par ses affluents, la rivière *Platte* ou *Nebraska*, le *Kansas*, etc., toutes les eaux du versant oriental des montagnes Rocheuses, depuis la frontière des Etats-Unis jusqu'aux sources de l'Arkansas ; l'*Arkansas* qui descend du massif du mont Pike et la *Rivière Rouge* qui naît sur les plateaux arides du Haut-Texas.

La mer des Antilles ne reçoit aucun cours d'eau important qui appartienne à l'Amérique du Nord. On doit citer cependant la petite rivière *Saint-Jean* qui sert de déversoir au lac de **Nicaragua,** dans l'Amérique centrale. On a songé à profiter de la voie naturelle que trace cette rivière pour établir un canal entre les deux océans, projet qui entraîne d'énormes dépenses et de grandes difficultés d'exécution, mais qui paraît cependant avoir des chances de succès.

Bassins intérieurs. — Les plateaux des montagnes Rocheuses, ceux du Mexique et de l'Amérique centrale renferment un certain nombre de lacs qui n'ont pas d'écoule-

Colonies
(F) Françaises
(A) Anglaises
(E) Espagnoles
(H) Hollandaises
(D) Danoises
TERRITOIRE D'ALASKA
GROENLAND
Mer d'Hudson
Labrador
CONFÉDÉRATION CANADIENNE
ÉTATS-UNIS
TEXAS
MEXIQUE
CUBA
MER DES ANTILLES
AMÉRIQUE SEPTENTRIONALE
Géographie Physique et Politique
Chemins de fer
AMÉRIQUE MÉRIDIONALE
CANADA
Chicago
Cincinnati
St Louis
CAROLINE
ÉTATS-UNIS
Golfe du Mexique
AMÉRIQUE CENTRALE.
GUATEMALA
HONDURAS
NICARAGUA
MER DES ANTILLES
OCÉAN PACIFIQUE

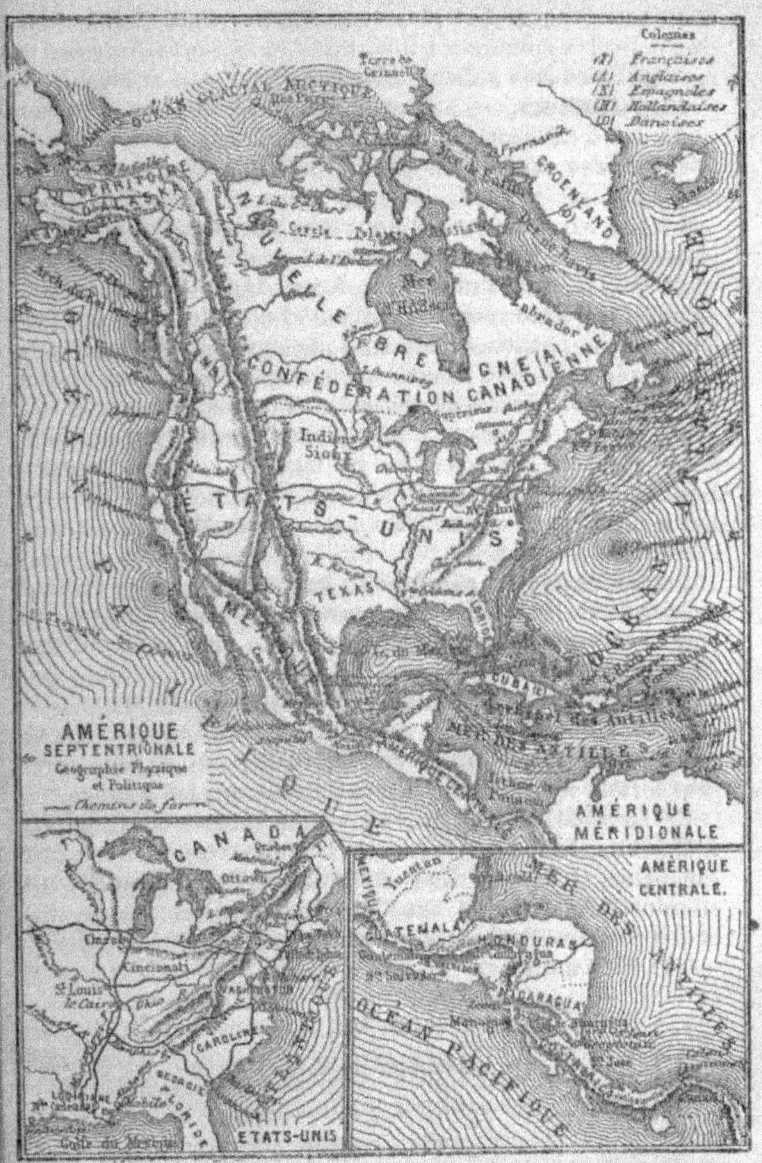

Carte X

ment vers la mer. Les plus considérables sont le *Grand lac Salé* entre les montagnes Rocheuses et la Sierra-Nevada, et les nombreux lacs à demi desséchés du plateau mexicain.

Population. — La population totale de l'Amérique du Nord est d'environ 60 millions d'habitans. Nulle part le mélange des races n'est plus grand que sur le continent américain.

1° *Les Esquimaux*, habitent les Terres arctiques et les plaines septentrionales du continent.

2° Les Indiens de race pure, *Sioux*, *Apaches*, *Comanches*, *Mexicains*, à peau rouge ou cuivrée et dont quelques-uns par leurs langues et leurs caractères physiques semblent se rapprocher de la grande famille mongolique, ne comptent que pour sept ou huit millions. Décimés par la guerre, les maladies, l'ivrognerie et la misère, ou lentement absorbés par la fusion avec les races européennes, ils tendent à disparaître aux Etats-Unis et dans la Nouvelle-Bretagne et ne dominent plus par le nombre, sinon par l'influence qu'au Mexique et dans l'Amérique centrale.

3° Les nègres de race pure, importés d'Afrique comme esclaves par les conquérants européens, mais aujourd'hui émancipés, sont au nombre de près de cinq millions aux Antilles et dans le sud des Etats-Unis.

4° Les métis de race blanche et des races indigènes sont nombreux au Mexique et dans l'Amérique centrale, tandis que les mulâtres ou métis de race blanche et de race noire sont surtout répandus aux Etats-Unis et dans les Antilles.

5° La population blanche, d'origine européenne (Anglais, Allemands, Irlandais, Français, Scandinaves), domine aux Etats-Unis et dans la Nouvelle-Bretagne, tandis qu'elle est en minorité au Mexique, dans l'Amérique centrale (Espagnols) et aux Antilles (Espagnols, Anglais, Français et Hollandais). — (41 à 42 millions.)

RÉSUMÉ.

Amérique du Nord.

DESCRIPTION PHYSIQUE.

XVI *et* XVII.

Bornes. L'Amérique du Nord a pour bornes au nord l'océan Glacial arctique, à l'est l'océan Atlantique, au sud le golfe du Mexique et l'isthme de Panama, à l'ouest l'océan Pacifique et le détroit de Behring.

La *superficie* est de 20 millions de kilomètres carrés sans compter les Terres arctiques.

MERS. L'*océan Glacial arctique*, forme la mer de Baffin et la mer d'Hudson.

L'*océan Atlantique* forme le golfe du Saint-Laurent, le golfe du Mexique, la mer des Antilles.

L'*océan Pacifique* forme le golfe de Californie.

DÉTROITS. Les principaux sont : entre la mer de Baffin et l'océan Glacial occidental, les détroits de *Lancastre*, *Barrow*, *Mac-Lure* (passage nord-ouest).

Entre la mer de Baffin et l'Atlantique, le détroit de *Davis*.

Entre l'Atlantique et la mer d'Hudson, le détroit d'*Hudson*.

Entre l'Atlantique et le golfe du Mexique, le canal de *Bahama*.

Entre le golfe du Mexique et la mer des Antilles, le canal de *Yucatan*.

Entre l'océan Pacifique et l'océan Glacial, le détroit de *Behring*.

TERRES ARCTIQUES. Dans l'*océan Glacial* s'étendent au nord du continent américain les îles ou Terres arctiques, dont les principaux explorateurs ont été Baffin, Hudson, Davis (XVIe et XVIIe siècle), Behring (XVIIIe), Ross, Parry, Franklin et Hall (XIXe). Les plus importantes sont le Groënland, la Terre de Grinnell, l'île Bathurst, l'île Melville, la Terre de Banks.

Les principales ILES de l'Amérique du Nord sont dans l'*Atlantique*, Terre-Neuve, l'île du Prince-Edouard, Saint-Pierre et Miquelon (golfe du Saint-Laurent), les îles Bermudes, les îles Lucayes ou Bahama, les Grandes Antilles (Cuba, la Jamaïque, Haïti, Porto-Rico), les Petites Antilles.

Dans l'*océan Pacifique*, les îles Vancouver, du Roi-Georges, Aléoutiennes.

Les principaux CAPS et PRESQU'ILES sont dans l'*Atlantique*, les caps Farewell (Groënland), Charles (presqu'île du Labrador), Hatteras (Etats-Unis), Sable (presqu'île de Floride).

Dans le *golfe du Mexique*, la presqu'île du Yucatan.

Dans l'*océan Pacifique*, la presqu'île de Vieille-Californie, le cap Saint-Lucas, la presqu'île d'Alaska, le cap du Prince de Galles.

XVIII

Relief du sol. — *Chaînes de montagnes.* L'Amérique du Nord est divisée en deux grands versants par la chaîne des *montagnes Rocheuses* (pics Robson, de Frémont, de Long, Pike, 4,500 à 5,000 mètres), et la *Cordillère du Mexique* (volcan Popocatepetl, 5,500 mètres), et du *Guatémala.* Le versant occidental ou du Pacifique est sillonné par les chaînes des *Cascades,* de la *Sierra-Nevada.* C'est un pays de montagnes et de hauts plateaux.

Le versant oriental est subdivisé lui-même en trois versants secondaires : *au nord,* océan Glacial et mer d'Hudson ; au *sud* et au *centre,* versant du golfe du Mexique : à l'*est,* versant de l'Atlantique. C'est un pays de plaines qui portent entre les montagnes Rocheuses et le Mississipi le nom de *prairies.* La seule chaîne de montagnes importante du versant oriental est celle des monts *Alleghanys,* parallèle au littoral de l'océan Atlantique.

XIX

Les principaux FLEUVES sont dans le versant de l'*océan Pacifique,* le Youkon (territoire d'Alaska), le Frazer (Colom-

Fig. XXXIII. — Castor (1 mètre de longueur, en y comprenant la queue).

bie anglaise), l'Orégon ou Columbia, le Sacramento, le Rio Colorado (États-Unis).

Dans le versant de l'*océan Glacial* et de la mer d'Hudson, le Mackensie, le Nelson (Nouvelle-Bretagne).

Dans le versant de l'*Atlantique*, le Saint-Laurent, déversoir des cinq grands lacs (Nouvelle-Bretagne), l'Hudson, la Delaware, le Potomac, la rivière James (Etats-Unis).

Dans le versant du *golfe du Mexique*, l'Alabama, le Mississipi, grossi de l'Ohio à gauche, du Missouri, de l'Arkansas et de la rivière Rouge, à droite, le Rio del Norte (Etats-Unis).

Fig. XXXIV. — Tortue (longueur 2 mètres, largeur 1 m. 50).

Les principaux LACS sont ceux de l'Esclave, du Grand-Ours, Athabasca, Ouinnipeg (Nouvelle-Bretagne), Ontario, Érié, Huron, Michigan, Supérieur (Etats-Unis et Nouvelle-Bretagne), le lac Salé (Etats-Unis), le lac de Nicaragua (Amérique centrale).

CLIMAT. Le climat, est en général extrême et moins tempéré qu'en Europe sous les latitudes correspondantes.

Végétaux caractéristiques. Bouleau, sapin (région du nord), cèdre, érable, froment, maïs, pommes de terre, plantes européennes (région du centre), riz, tabac, coton, canne à sucre, café, indigo, palmier, bananier (région du sud).

Animaux. Renne, animaux à fourrures, castor, ours blanc, phoque, baleine, morue (région du nord).

Races domestiques de l'Europe, bison, ours gris (région du centre). Jaguar, caïman, tortues, cochenille (région du sud).

La POPULATION qui ne dépasse pas 60 millions d'habitants se compose d'Indiens, de nègres, de métis et surtout de blancs d'origine européenne.

Questionnaire.

I et II. Quelles sont les bornes de l'Amérique du Nord? — Indiquer les longitudes et latitudes extrêmes. — Quelle en est la superficie? — Quelles en sont les grandes divisions? — Quelles sont les mers qui la baignent? — Indiquer les principaux détroits. — Les principales îles, les presqu'îles et les caps les plus importants. — Qu'appelle-t-on passage Nord-Ouest? — Quels sont les navigateurs les plus célèbres qui ont exploré les mers Arctiques? — Quel est l'aspect du Groënland et des autres terres Arctiques? — Quels en sont les habitants? — Quelles sont les grandes pêches des mers glaciales? — Décrire le littoral de l'Atlantique. — Du golfe du Mexique. — De l'océan Pacifique. — Qu'appelle-t-on banc de Terre-Neuve? — Quelle est la pêche de Terre-Neuve?

III. Quelle est la ligne de partage des eaux de l'Amérique du Nord? — Quels sont les plus hauts sommets des montagnes Rocheuses? — Existe-t-il des volcans dans l'Amérique du Nord? — Quelle est la nature du pays compris entre les montagnes Rocheuses et l'océan Pacifique? — Quels sont les plateaux les plus importants de l'Amérique du Nord? — Décrire le plateau du Mexique. — Existe-t-il des montagnes entre les montagnes Rocheuses et l'océan Atlantique. — Nommer et décrire ces montagnes. — Qu'appelle-t-on prairies? — Quel est l'aspect des prairies? — Peut-on les cultiver? — Existe-t-il des voies de communication à travers les prairies? — Quel est l'aspect des plaines septentrionales du continent?

IV. En combien de versants et de grands bassins maritimes se divise l'Amérique du Nord? — Quels sont les fleuves qui se jettent dans l'océan Pacifique, dans l'océan Glacial, dans l'Atlantique, dans le golfe du Mexique? — Indiquer la source, la direction générale, les principaux affluents, les cataractes les plus connues. — Quel est le plus grand fleuve de l'Amérique du Nord? — Décrire le cours du Mississipi. — Quels sont les principaux lacs? — Indiquer ceux qui n'ont pas d'écoulement. — Quelle est l'importance de l'isthme de l'Amérique centrale? — Quel est le climat de l'Amérique du Nord? — Rappeler les causes qui expliquent les différences de climat. — Quels sont les pays froids, les pays chauds, les pays tempérés de l'Amérique du Nord? — Quelles sont dans chacune de ces régions les principales espèces d'arbres? les cultures les plus importantes? — Nommer quelques végétaux américains acclimatés en Europe. — Quelle est la région qu'habite le bison? — Les races domestiques de l'Europe ont-elles pu s'acclimater en Amérique? — Nommer quelques-uns des animaux nuisibles. — Existe-t-il dans l'Amérique du Nord des tigres et des lions?

Quelle est la population de l'Amérique du Nord? — A quelles races appartient-elle? — Quel paraît devoir être l'avenir des races indigènes?

Exercices.

Tracer au tableau le contour de l'Amérique du Nord. — Indiquer le tracé des principales chaînes de montagnes, des grands fleuves, des lacs les plus importants.

Indiquer par quelques profils, d'une manière approximative, le relief du continent. (*Exemples :* Profil du continent, 1° de l'embouchure du Sacramento à l'embouchure de la rivière James; 2° de l'océan Pacifique au golfe du Mexique par la latitude du volcan Popocatepetl.) (*Voir la carte en relief de l'Amérique du nord, par MM. Pigeonneau et Drivet.*)

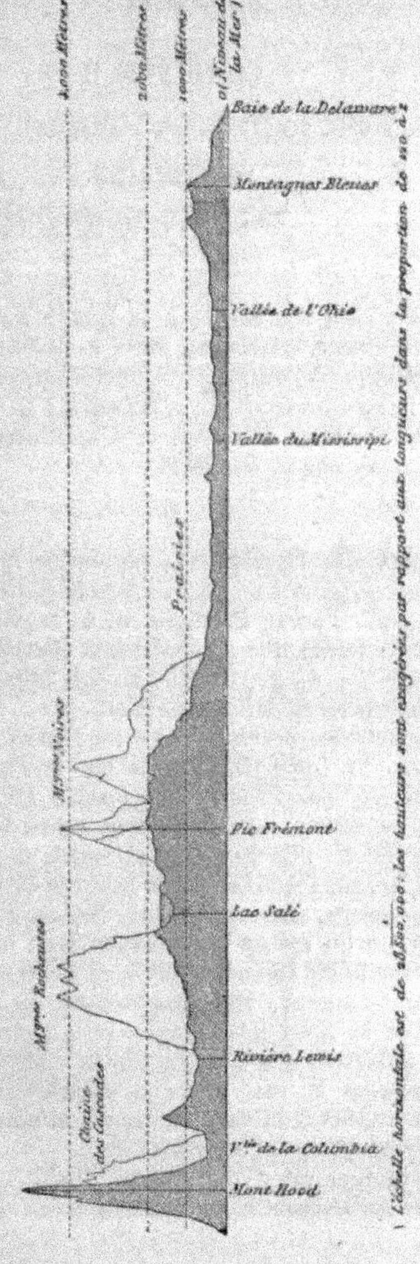

Profil de l'Amérique du Nord depuis l'Embouchure de la Columbia jusqu'à la baie de la Delaware (d'après Ewald) (1)

L'échelle horizontale est de ... ; les hauteurs sont exagérées par rapport aux longueurs dans la proportion de 100 à 1

CHAPITRE II

GÉOGRAPHIE POLITIQUE DE L'AMÉRIQUE DU NORD.

VINGTIÈME LEÇON.

Région septentrionale.

I

Les *Etats-Unis* ont acheté à la Russie un vaste territoire situé entre l'océan Glacial au nord, le détroit de Behring et l'océan Pacifique à l'ouest, la Nouvelle-Bretagne au sud et à l'est; on le nomme territoire d'**Alaska** : il n'est habité que par quelques tribus d'Indiens et d'Esquimaux. La capitale est *Sitka,* dans une île du Pacifique.

II

La **Nouvelle-Bretagne,** possession anglaise, a pour bornes l'océan Glacial au nord, l'Atlantique à l'est, les Etats-Unis au sud, l'océan Pacifique et le territoire d'Alaska à l'ouest. Elle forme une confédération (*Dominion of Canada*) administrée par un gouverneur anglais et par un parlement colonial composé de deux chambres.

Les principales provinces sont : à l'ouest des montagnes Rocheuses, la *Colombie,* arrosée par le Frazer, et l'île de *Vancouver*, V. pr. *Victoria* sur l'océan Pacifique ; à l'est, l'île de *Terre-Neuve,* cap. *Saint-Jean*, qui ne fait pas partie de la confédération ; l'île du *Prince-Edouard* ; la *Nouvelle-Ecosse*, cap. *Halifax,* sur l'Atlantique; le *Nouveau-Brunswick* ; le *Haut* et le *Bas-Canada,* ancienne colonie française, V. pr. *Ottawa* sur la rivière du même nom, capitale de la confédération, *Toronto,* sur le lac Ontario, *Québec* et *Montréal* (120,000 h.), sur le Saint-Laurent, villes fondées par les colons français. Le nord de la Nouvelle-Bretagne et le *Labrador,* qui n'ont d'autres habitants que des Esquimaux, des Indiens et quelques chasseurs de race blanche, appartenaient jusqu'à ces dernières années à la Compagnie de la baie d'Hudson qui faisait le commerce des fourrures.

La population est de 4,000,000 d'habitants d'origine anglaise, française et indienne, protestants et catholiques.

Les principales richesses du pays sont les bois, les fourrures de martres, de castors, de renards, etc., les laines, les mines d'or (Colombie), et la pêche de la morue et de la baleine.

Les petites îles de *Saint-Pierre* et de *Miquelon*, dans le golfe du Saint-Laurent, appartiennent à la France.

Région centrale.

Les **Etats-Unis**, ancienne colonie anglaise, indépendante depuis 1776, sont situés entre l'Atlantique à l'est, le golfe du Mexique et le Mexique au sud, l'océan Pacifique à l'ouest, la Nouvelle-Bretagne au nord; ils forment une république fédérale comprenant 38 Etats et 10 territoires et gouvernée par un président élu pour quatre ans, et par un congrès composé d'un sénat et d'une chambre des représentants. Les territoires ne prennent point part à l'élection du président ni du congrès et ne s'élèvent au rang d'Etats que quand le nombre des citoyens y dépasse 60,000. — La capitale est *Washington* (110,000 habitants), sur le Potomac, siége du gouvernement fédéral.

Fig. XXXV. — Cotonnier (hauteur totale de l'arbrisseau, 1m,80 à 2 mètres).

Les ports principaux sont sur l'**Atlantique** : *Boston* (250,000 habitants), dans l'Etat de Massachusetts, *New-York* (1,500,000 habit. avec les dépendances), à l'embouchure de l'Hudson, la reine du Nouveau-Monde, l'entrepôt du commerce des Etats-Unis, le foyer des idées et des affaires, le centre des voies de communication; *Philadelphie* (800,000 habit.), sur la Delaware, dans l'Etat de Pensylvanie; *Baltimore* (270,000 hab.), dans l'Etat de Maryland; *Charleston* dans la Caroline du sud :

Sur le **golfe du Mexique**, *Nouvelle-Orléans* (190,000 habitants), dans l'Etat de Louisiane, ville d'origine française, à l'embouchure du Mississipi :

Sur l'**océan Pacifique**, *San-Francisco* (200,000 hab.), dans l'Etat de Californie, à l'embouchure du Sacramento.

Les villes principales de l'intérieur sont : *Saint-Louis* (320,000 hab.), sur le Mississipi, dans l'Etat de Missouri, *Cincinnati* (230,000 hab.), dans l'Etat d'Ohio, et *Pittsbourg*, en Pensylvanie, sur l'Ohio, *Richmond*, capitale de l'Etat de Virginie, sur la rivière James, *Chicago* (300,000 hab.), (Etat d'Illinois), sur le lac Michigan, *Buffalo*, dans l'Etat de New-York, sur le lac Erié.

La population est de 40 millions d'habitants en majorité protestants, dont 300,000 Indiens et 5 millions de nègres ou de mulâtres; le reste d'origine européenne (Anglais, Irlandais, Allemands, Français, etc.).

Les Etats-Unis, avec leur immense territoire (plus de 9,300,000 kilomètres carrés, en y comprenant le territoire d'Alaska), leurs productions si variées : maïs, sucre, coton, tabac, au sud : blés, bestiaux, porcs, moutons, bois et résines au centre et au nord; leurs mines d'or, d'argent (Californie et montagnes Rocheuses), de cuivre, de mercure, de houille, leurs sources de pétrole (Pensylvanie), les ressources toujours croissantes de leur industrie, leur prodigieux réseau de canaux et de chemins de fer (120,000 kilomètres exploités), leur marine florissante, sont le plus puissant Etat du Nouveau-Monde et ne le cèdent qu'à l'Angleterre par leur activité commerciale.

VINGT-ET-UNIÈME LEÇON.

Région méridionale.

I

Le Mexique, ancienne colonie espagnole, conquise au XVIe siècle sur les souverains indigènes, par *Fernand Cortez*, est un vaste plateau, situé entre les Etats-Unis au nord, l'océan Pacifique à l'ouest, le golfe du Mexique à l'est, l'Amérique centrale au sud. Il forme une république fédérale :

La capitale est *Mexico* (230,000 hab.), sur un lac, au pied du volcan Popocatepetl : les ports principaux : *Vera-Cruz* sur le

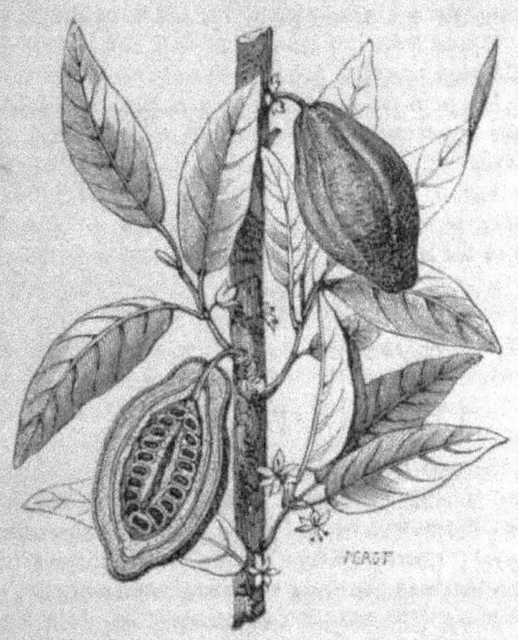

Fig. XXXVI. — Cacaoyer (haut. de l'arbre, 11 à 15 m. long. des feuilles 0m25 à 0m30; long. du fruit 0m20 à 0m25.)

golfe du Mexique, *Acapulco* sur le Grand-Océan. Les villes les plus peuplées de l'intérieur sont : *Puébla*, *Guadalajara*, sur les versants du plateau.

La population est de 9,300,000 habitants, presque tous catholiques, dont 5 millions d'Indiens, un million de blancs d'origine espagnole, le reste métis. Les principales productions sont, sur le littoral, la vanille, le coton, la canne à sucre, les bois de teinture ; sur le plateau, les céréales, le tabac et les bestiaux. Les mines d'argent sont d'une richesse inépuisable.

II

L'Amérique centrale, située entre le Mexique, la mer des Antilles, l'isthme de Panama et le Grand-Océan, est divisée en cinq républiques : 1° *Guatémala*, sur les deux mers, capitale *Guatémala*; 2° *San-Salvador*, sur l'océan Pacifique, capitale *San-Salvador*; 3° *Honduras*, sur les deux mers, capitale *Comayagua*; 4° *Nicaragua*, sur les deux mers, capitale *Managua*; 5° *Costa-Rica*, sur les deux mers, capitale *San-José*; et une *colonie anglaise*, *Bélize*, sur la mer des Antilles. Cette région, qui produit le cacao, le café, les bois d'acajou, les bois de teinture, la cochenille, l'indigo, doit surtout son importance à sa situation et au transit entre les deux Océans.

La population est d'un peu plus de deux millions et demi d'habitants, parmi lesquels dominent les créoles de race espagnole et les Indiens.

III

Les îles **Lucayes** ou *Bahama* appartiennent à l'Angleterre.

IV

Les **Grandes Antilles** sont : *Cuba* (colonie espagnole), capitale *la Havane* (200,000 hab.), entrepôt des sucres et des tabacs ; *Porto-Rico* (colonie espagnole) ; la *Jamaïque* (colonie anglaise) ; *Haïti*, divisée en deux républiques indépendantes, fondées par les noirs : *République haïtienne*, capitale *Port-au-Prince*; *République dominicaine*, capitale *Saint-Domingue*.

V

Les principales des **Petites Antilles** sont : la Trinité, Grenade, Saint-Vincent, Sainte-Lucie, Tabago, la Dominique, la Barbade, Saint-Christophe, *aux Anglais*.

La Martinique, capitale *Fort-de-France*: la Guadeloupe, capitale *Bassse-Terre*; la Désirade, Marie Galante, les Saintes et partie de Saint-Martin, *aux Français*.

Curaçao, Saint-Eustache, Saba, partie de Saint-Martin, *aux Hollandais*.

Saint-Jean, Sainte-Croix, Saint-Thomas, *aux Danois*.

Saint-Barthélemy, *aux Suédois*.

Les Antilles produisent surtout la canne à sucre, le tabac, les bois de teinture et d'ébénisterie. On y pêche les éponges et la tortue.

RÉSUMÉ.

DIVISIONS POLITIQUES.

XX

Région septentrionale.

I. Le TERRITOIRE D'ALASKA appartient aux Etats-Unis. Cap. *Sitka*, sur l'océan Pacifique.

II. La NOUVELLE-BRETAGNE est une *possession anglaise*, bornée au nord par l'océan Glacial, à l'est par l'océan Atlantique, au sud par les Etats-Unis, à l'ouest par les Etats-Unis et l'océan Pacifique.

Capitale, Ottawa. — *Villes principales*, Victoria, sur l'océan Pacifique, dans l'île *Vancouver*, Saint-Jean, dans l'île *Terre-Neuve* (Atlantique), Halifax, sur l'Atlantique, dans la *Nouvelle-Ecosse*, Québec et Montréal, sur le Saint-Laurent, dans le *Canada*.

Population, 4,000,000 d'habitants d'origine anglaise, française et indienne. Protestants et catholiques.

Région centrale.

Les ETATS-UNIS forment une république fédérale comprenant 38 Etats et 10 territoires. Ils sont bornés au nord par la Nouvelle-Bretagne, à l'ouest par l'océan Pacifique, au sud par le Mexique et le golfe du Mexique, à l'est par l'Atlantique.

Capitale, Washington, sur le Potomac.

Ports principaux : Boston, New-York (1,500,000 h.), Philadelphie, Baltimore, Charleston, *sur l'Atlantique ;* Nouvelle-Orléans, à l'embouchure du Mississipi, sur le *golfe du Mexique ;* San-Francisco, sur l'*océan Pacifique.*

Villes de l'intérieur : Saint-Louis, sur le Mississipi ; Cincinnati, sur l'Ohio ; Richmond, sur la rivière James ; Chicago, sur le lac Michigan.

Population, 40 millions d'habitants en majorité protestants, dont 300,000 indiens et 5 millions de nègres ou de mulâtres ; le reste d'origine européenne et surtout anglaise.

XXI

Région méridionale.

I. Le MEXIQUE est une République fédérale bornée au nord

par les Etats-Unis, à l'est par le golfe du Mexique, au sud par l'Amérique centrale, à l'ouest par l'océan Pacifique.

Capitale, Mexico.

Ports principaux : Vera-Cruz, sur le golfe du Mexique, Acapulco, sur le Grand Océan.

Population, 9,300,000 habitants, presque tous catholiques, dont 5 millions d'indiens, 1,000,000 de blancs, d'origine espagnole; le reste métis.

II. L'AMÉRIQUE CENTRALE, située entre la mer des Antilles et l'océan Pacifique, est divisée en cinq républiques :

1° *Guatémala* sur les deux mers :

2° *San Salvador* sur l'océan Pacifique ;

3° *Honduras* sur les deux mers ;

4° *Nicaragua* sur les deux mers ;

5° *Costa-Rica* sur les deux mers.

III. Les îles LUCAYES ou *Bahama* sont une possession anglaise.

IV. Les GRANDES ANTILLES sont : 1° *Cuba* (colonie espagnole). Capitale, la Havane (200,000 hab.);

2° *Porto-Rico* (colonie espagnole) ;

3° La *Jamaïque* (colonie anglaise) ;

4° *Haïti*, divisée en deux républiques indépendantes, fondées par les noirs. *République haïtienne*. Capitale, Port-au-Prince. *République dominicaine*. Capitale, Saint-Domingue.

V. Les plus importantes des PETITES ANTILLES sont : Trinité, Grenade, Saint-Vincent, Sainte-Lucie, Tabago, la Dominique, la Barbade, *aux Anglais*.

La Martinique, la Guadeloupe, la Désirade, Marie-Galante, les Saintes et partie de Saint-Martin, *aux Français*.

Curaçao, Saint-Eustache, partie de Saint-Martin, *aux Hollandais*.

Saint-Jean, Sainte-Croix, Saint-Thomas, *aux Danois*.

Saint-Barthélemy, *aux Suédois*.

RELIGIONS. La religion catholique domine au Mexique, dans l'Amérique centrale et la plus grande partie des Antilles, le protestantisme sous les formes les plus diverses aux Etats-Unis et dans la Nouvelle-Bretagne. Un certain nombre de tribus indiennes sont encore fétichistes, bien qu'elles aient une vague idée d'un être suprême et d'une autre vie après la mort.

QUESTIONNAIRE POUVANT S'APPLIQUER A LA DESCRIPTION PARTICULIÈRE DE CHAQUE ÉTAT.

Quelles sont les bornes de... (indiquer le nom de l'Etat)? — Quelles sont les principales chaînes de montagnes? — Les principaux cours d'eau? — Indiquer (s'il y a lieu) les îles, presqu'îles, caps importants. — Quel est l'aspect général du pays? — Quel est le climat? — Quelles sont les productions les plus importantes? — Existe-t-il des mines d'or ou d'argent? — Quelles sont les divisions politiques? — Indiquer la capitale et les principales villes (surtout les ports). — Quelle est la forme du gouvernement? — Quel est le chiffre de la population? — Quelle est la race, la langue, la religion dominante? — Quel est l'état de la civilisation?

Exercices.

Indiquer sur une carte muette la situation des principales villes des États-Unis. — Indiquer le tracé du chemin de fer Transcontinental. — Tracer la carte du Mexique et de l'Amérique centrale.

CHAPITRE III

DESCRIPTION PHYSIQUE DE L'AMÉRIQUE DU SUD.

VINGT-DEUXIÈME LEÇON.

I

Notions générales. Bornes. Superficie.

Grandes divisions. — L'Amérique du Sud se divise en 10 régions :

1° Au **nord**, la Colombie et les Guyanes;

2° Au **nord-est**, le Brésil;

3° Au **sud-est**, le Paraguay, l'Uruguay, la Confédération argentine, ou République de la Plata et la Patagonie;

4° Au **sud-ouest** et à **l'ouest**, le Chili, la Bolivie et le Pérou.

Limites, superficie. — L'Amérique du Sud, située entre 56° latitude S. et 12° latitude N., 37° et 83° longitude O., est bornée au nord, par l'isthme de l'Amérique centrale et la *mer des Antilles*; au nord-est, à l'est et au sud, par l'*Atlantique*; à l'ouest, par l'*océan Pacifique*.

La forme triangulaire de l'Amérique du Sud qui se termine par une pointe longue et étroite, rappelle celle de l'Afrique avec des proportions moins vastes, et une charpente moins lourde et moins compacte.

La superficie totale du continent et des îles est de 18 millions de kilomètres carrés.

II

Les mers et les rivages.

La mer des Antilles. — Les côtes de la mer des Antilles, depuis l'isthme de *Panama* jusqu'à l'embouchure du fleuve *Orénoque*, creusées par des golfes nombreux (golfe de *Darien*, golfe de *Maracaibo*, etc.), sont longées par une chaîne de montagnes qui, tantôt plongent à pic dans la mer, tantôt s'écartent et laissent à leur pied une bande plus ou moins large de terrains sablonneux ou marécageux, dévorés par un soleil de feu et désolés par la fièvre jaune.

L'océan Atlantique. — De l'embouchure de l'Orénoque au cap *Saint-Roch*, le point le plus oriental de l'Amérique du Sud (Brésil), le littoral de la Colombie, des Guyanes et du Brésil, baigné par l'océan Atlantique, est plat, inondé, bordé d'une ceinture de palétuviers ou de plages de sable. A distance à peu près égale du cap Saint-Roch et des bouches de l'Orénoque s'ouvre un vaste golfe, dont les côtes, rongées par la mer, reculent chaque année de 10 à 15 mètres, et dont la partie méridionale est occupée par la grande île *Marajo*, destinée à disparaître lentement devant l'invasion de l'océan ; c'est l'embouchure du fleuve des *Amazones*, le plus grand cours d'eau de l'Amérique du Sud, et peut-être du monde entier.

Du cap *Saint-Roch* à la petite île de *Sainte-Catherine*, les côtes du Brésil se relèvent, des montagnes boisées les dominent, des baies magnifiques dont la plus vaste et la plus pittoresque est celle de *Rio Janeiro*, s'enfoncent dans les terres : à ces côtes élevées, succèdent sur le littoral du Brésil méridional, des dunes, des lagunes à demi ensablées, qui se prolongent jusqu'à l'embouchure du Rio de la Plata.

Le détroit de Magellan et le cap Horn. — La partie méridionale des côtes de l'Atlantique (confédération Argentine et Patagonie) est en général élevée, rocheuse et assez découpée. L'Amérique du Sud se termine par un archipel volcanique, séparé du continent par un canal long et sinueux, le détroit de *Magellan* (1); l'île principale hérissée de rochers, couverte de neiges pendant une partie de l'année, et à peu près inhabitée, porte le nom de *Terre de feu*.

Au sud de cette grande île s'élèvent des îlots rocheux, dont le plus méridional a reçu le nom de cap *Horn* et forme la pointe extrême de l'Amérique du Sud.

A l'est de la Terre de Feu est situé dans l'océan Atlantique un groupe d'îles montagneuses, les îles *Falkland* ou *Malouines*, relâche des navires qui vont pêcher dans les mers Australes le phoque ou la baleine.

Océan Pacifique. — Quand on a franchi le détroit de Magellan ou doublé le cap Horn, on entre dans l'océan Pacifique, dont les côtes sinueuses et découpées sont bordées jusqu'au 40e degré de latitude S., d'îles rocailleuses, l'*Archipel de la mère de Dieu*, l'île *Chiloé*, etc. A partir de ce point on ne trouve plus que quelques îlots tels que les îles *Juan Fernandez*, où vécut seul pendant près de cinq ans, le matelot écossais Selkirk, l'original de Robinson Crusoé, les îles *Chinchas*, si célèbres par leurs gisements de guano (2) aujourd'hui presque épuisés, et les îles *Gallapagos* ou îles des Tortues.

Le littoral du Chili, de la Bolivie et du Pérou dominé par les gigantesques terrasses de la chaîne des Andes, est une longue lisière de terrains sablonneux, arides, où les pluies sont inconnues, sauf dans la région méridionale, mais qu'interrompent çà et là des vallées revêtues d'une admirable végétation, véritables oasis dans ce désert de rochers et de sables. Les côtes de la Colombie, les plus accidentées de l'Amérique du Sud, sont au contraire humides, chaudes, arrosées pendant plusieurs mois par des pluies torrentielles, couvertes de forêts, et d'une fertilité sans rivale.

L'isthme de Panama. — L'isthme de *Darien* et l'isthme de *Panama*, qui réunissent les deux Amériques, étroite langue de terre, au climat insalubre, au sol marécageux, offrent du côté de l'océan Pacifique une profonde et large échancrure où s'enfonce le golfe de Panama.

C'est à travers cet isthme large tout au plus de 50 kilomè-

(1) Magellan était un navigateur portugais au service de l'Espagne, qui découvrit ce détroit et fit ou du moins commença le premier voyage autour du monde, achevé après sa mort par ses compagnons (1519-1522).

(2) Le guano est une substance qui sert d'engrais, et qui provient de dépôts de fiente ou de débris putréfiés d'oiseaux de mer.

tres dans sa partie la plus étroite, et où la ligne de faîte s'abaisse jusqu'à 100 ou même jusqu'à 50 mètres, qu'une compagnie américaine a construit un chemin de fer long de 80 kilomètres, trait d'union entre les deux Océans. Un canal qui le percerait épargnerait aux navires le long détour du cap Horn et jouerait pour l'avenir du commerce et de la navigation, un rôle plus important peut-être que le canal de Suez; mais parmi les nombreux projets présentés et qui pour la plupart exigent des dépenses énormes, des travaux gigantesques et peu pratiques, écluses, tunnels, etc., aucun n'a reçu jusqu'à présent de commencement d'exécution.

VINGT-TROISIÈME LEÇON.

III

Le relief du sol. Montagnes. Plateaux et plaines.

La Cordillère des Andes. Les deux grands versants. — L'Amérique du Sud est un immense triangle, coupé du nord au sud, depuis l'isthme de *Panama* jusqu'au cap *Horn*, par la prolongation de la chaîne de partage des eaux de l'Amérique du Nord, connue sous le nom de *Cordillère des Andes*, et dont les plus hauts sommets atteignent 7,000 mètres. « La Cordillère n'est qu'une longue » bande de plateaux granitiques, balayés par des vents » glacés, disposés en terrasses que dominent des cimes nei- » geuses et des volcans gigantesques presque toujours en » activité. »

Sur les terrasses inférieures, jusqu'à une hauteur de mille mètres croissent les palmiers, et les plantes de la zone tropicale; jusqu'à 3,000 mètres, le quinquina, le chêne, le froment, et les végétaux européens; sur les plateaux de 3,000 à 4,500 mètres, aux splendides forêts, aux riches moissons succèdent des arbustes clair-semés, des pâturages que parcourent les troupeaux de lamas, de bœufs et de moutons; enfin entre 4,600 et 4,800 mètres, à la limite des neiges éternelles, la végétation du pôle, les mousses et les lichens rampent seuls sur les rochers dénudés.

Les massifs des Andes sont coupés çà et là par d'énormes fissures que les colons espagnols ont nommées *quebradas* (ruptures, coupures), abîmes où se précipitent les cataractes, où écument les torrents entre deux murailles de rocher. Ce sont ces brèches naturelles ou des rigoles creusées par les pluies, si profondes qu'il y règne une demi-obscurité, et si étroites que deux hommes peuvent à peine y passer de front, qui seules ouvrent au voyageur un passage pour franchir la Cordillère et s'élever jusqu'aux plateaux supérieurs.

Fig. XXXVII. — Lama (hauteur prise au garrot, 1 mètre).

Andes de la Nouvelle-Grenade. — Depuis l'isthme de Panama où la Cordillère s'abaisse et s'efface presque, jusqu'au plateau aride de *los Pastos* (les Pâturages), situé à peu de distance au nord de l'Equateur, la *Cordillère de la Nouvelle-Grenade* se compose de trois chaînes qui courent du sud au nord. La plus occidentale qui forme la prolongation des collines de Panama et borde l'océan Pacifique, n'est élevée que de 1,500 à 2,500 mètres; la chaîne centrale, sauvage et couverte de forêts atteint la limite des neiges éternelles; la chaîne orientale s'incline vers le nord-est, puis se détourne brusquement vers l'est et sous le nom de *Cordillère du Vénézuéla* longe jusqu'à l'embouchure de l'Orénoque le littoral de la mer des Antilles.

Andes de l'Equateur et du Pérou. — Depuis

l'Equateur jusqu'au 30e degré de latitude méridionale, la Cordillère se bifurque et forme deux cordons parallèles : les deux rangées de sommets, tantôt s'éloignent et dessinent les contours d'immenses plateaux, tantôt se rapprochent jusqu'à se confondre dans des massifs gigantesques qui sont comme les nœuds de la grande chaîne. Dans la région équatoriale ce double cordon plus rétréci n'enferme que des vallées élevées de 2,500 à 3,000 mètres, pour la plupart fertiles et jouissant d'un climat tempéré. C'est là que se dressent les volcans visités par l'allemand Humboldt, le plus illustre explorateur de l'Amérique du Sud; le *Pichincha* (4,787 mètres), et le *Chimborazo* (6,530 mètres), sur la crête occidentale, l'*Antisana* et le *Cotopaxi* (5,750 mètres), sur la crête orientale, avec leur couronne de neiges et leurs cratères béants. Les *Andes du Pérou,* s'abaissent jusqu'à une hauteur moyenne de 3,000 mètres, et s'épanouissent en vastes plateaux qui furent le berceau d'une civilisation aujourd'hui détruite et du fameux empire des Incas (1).

Lac Titicaca. — Les *Andes* du *Haut-Pérou* ou de *Bolivie* sont au contraire la partie la plus abrupte, et la plus élevée de la chaîne; leurs sommets, les pics de *Sorata* et d'*Ilimani* dépassent, l'un 6,400, l'autre 6,500 mètres, et quelques autres imparfaitement mesurés s'élèvent peut-être au-dessus de 7,000 mètres : au pied de ces montagnes énormes s'étendent des plateaux stériles et glacés, dont la hauteur varie de 4,000 à 5,500 mètres, et un large bassin élevé en moyenne de 4,000 mètres au-dessus de l'océan, enveloppé par la double crête des Andes et où dort le lac *Titicaca,* le plus vaste de l'Amérique du Sud.

Andes du Chili. — Les *Andes du Chili* et de la *Plata,* hérissées de volcans (*Aconcagua,* 6,840 mètres), et couronnées de neiges se rétrécissent peu à peu à mesure qu'elles descendent vers le sud, et finissent par ne former qu'une seule chaîne, où quelques cols s'abaissent jusqu'à une hauteur de 1,000 mètres, et dont les derniers contreforts viennent plonger dans l'océan au cap Horn.

Versant occidental des Andes. — Du côté de l'océan Pacifique les plateaux des Andes descendent vers la

(1) C'était le nom que portaient les souverains indigènes du Pérou avant l'arrivée des Espagnols. L'empire des Incas fut détruit au XVIe siècle par l'espagnol François Pizarre, le conquérant du Pérou.

Profil de l'Amérique du Sud, de l'Océan Pacifique à l'Atlantique (d'après Ewald) (1)

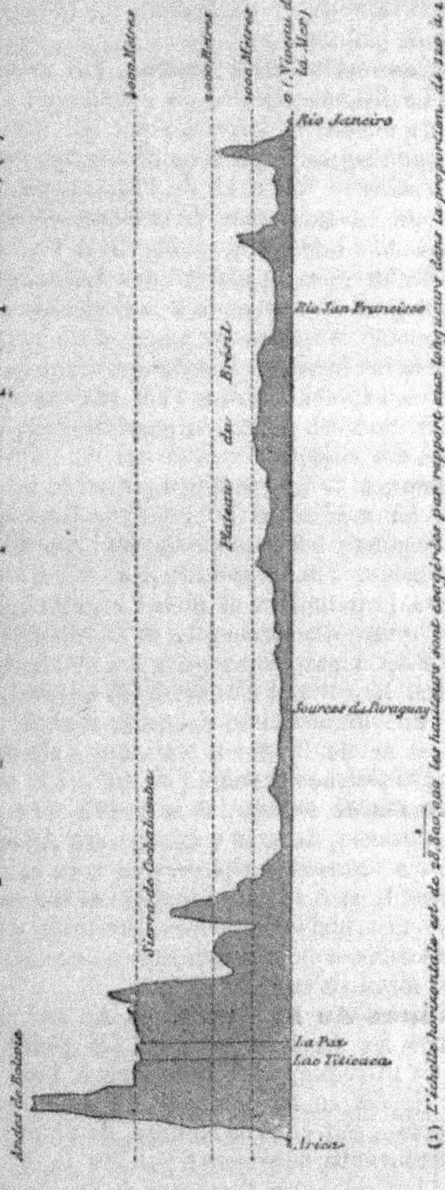

(1) *L'échelle horizontale est de $\frac{1}{28,800,000}$ et les hauteurs sont exagérées par rapport aux longueurs dans la proportion de 220 à 1.*

Carte XII.

mer en brusques escarpements creusés de vallées profondes où roulent des torrents, et ne laissent sur le littoral qu'une étroite bande de plaines.

Versant oriental des Andes. Le plateau du Brésil. — Le littoral oriental de l'Amérique du Sud est dominé par un noyau de terres élevées qui sont loin d'atteindre les gigantesques proportions des Andes, mais qui forment, surtout dans le voisinage de l'Atlantique, une masse imposante et qui occupent dans l'Amérique méridionale, par rapport à la grande Cordillère, une position analogue à celle des monts Alleghanys et du plateau des Apalaches, par rapport aux Montagnes-Rocheuses et à la Cordillère de l'Amérique du Nord.

Ces hautes terres dessinent le rebord oriental de l'immense plateau du Brésil (point culminant des montagnes du Brésil oriental, 2,700 mètres). Ce vaste amphithéâtre, sillonné en tous sens par des chaînes confuses qui ne forment pas de lignes continues, et taillé presque à pic sur le versant oriental, s'abaisse au nord-est et au nord par des terrasses successives qui descendent brusquement vers l'Atlantique et vers le bassin du fleuve des Amazones; il s'incline au sud-ouest par une pente plus longue et moins rapide qui verse les eaux vers le centre du continent, et se rattache aux plateaux de la Bolivie par des gradins qui montent lentement vers les Andes. Le plateau du Brésil est traversé, de l'est à l'ouest, par une arête sinueuse formée d'abord de hautes montagnes, les monts *Pyrénées*, mais qui s'abaisse bientôt, s'étale en larges plateaux parsemés de collines et connus sous le nom de *Campos de Parexis*, et se relève sous le nom de *sierra de Cochabamba*, dans le voisinage des Andes. Couvert de forêts sur les terrasses inférieures du nord et de l'est, le plateau du Brésil, dans sa partie centrale et sur sa pente méridionale, est une plaine herbeuse, parsemée de bouquets d'arbres et de collines de grès rougeâtre ou verdâtre, au sommet aplati en forme de table ou de toit.

Les pampas de la Plata. — Au sud du plateau brésilien, entre les dernières terrasses des Andes à l'ouest, les collines de l'Uruguay et l'Atlantique à l'est, s'étendent des plaines élevées en moyenne de 60 à 200 mètres au-dessus de l'Océan, couvertes de lagunes, de pâturages salins, de steppes verdoyants, parcourues par des troupes d'autruches et par d'innombrables troupeaux de bœufs, de chevaux et de moutons. Ces plaines portent dans le nord le nom de *Grand-Chaco*, dans le sud celui de *Pampas*. Les pampas se prolongent jusque dans les régions désertes et pierreuses de la Patagonie, et la plaine qui avait commencé dans la zone des palmiers finit à l'extrémité du continent dans celle des bouleaux et des saules, unique végétation de ces plages désolées.

La région des forêts de l'Amazone. — Au nord du plateau brésilien, dans les plaines basses et unies qui forment le bassin du fleuve des *Amazones*, s'étend une zone de forêts vierges qui couvrent tout le continent entre l'Atlantique et les Andes, et qui remontent sur le flanc des montagnes jusqu'à une hauteur de plus de 1,500 mètres.

Fig. XXXVIII. — Jaguar ($1^m,60$ à $1^m,90$ de longueur, sans la queue).

Nulle part la végétation des tropiques ne déploie une vie plus active et plus luxuriante : les essences les plus diverses s'entremêlent avec une incroyable profusion ; les lianes grimpent aux branches et suspendent dans les airs leurs guirlandes de feuillages et de fleurs ; les plantes parasites surchargent les arbres morts, rampent sur le sol, s'enlacent aux taillis, s'enroulent aux troncs gigantesques : au milieu de cet inextricable réseau de verdure bondit le jaguar, le tigre d'Amérique, errent des troupeaux de tapirs et de cerfs mouchetés, rampent d'énormes reptiles, voltigent des milliers d'oiseaux aux couleurs éclatantes, se jouent des troupes de singes, bourdonnent des nuées de moustiques, et brillent pendant la nuit des myriades d'insectes lumineux qui éclairent la forêt de lueurs phosphorescentes.

Les llanos de la Colombie. — Au nord de la zone des forêts, sur le plateau peu élevé qu'arrosent l'Orénoque et ses affluents, entre les Cordillères de la Nouvelle-Grenade, la chaîne côtière du *Vénézuéla*, l'Atlantique, les forêts de la Guyane, le système peu connu des montagnes et des plateaux de la *Parime* (à l'ouest des Guyanes) et la plaine boisée de l'Amazone, s'étendent les *llanos* de la Colombie, steppes sablonneux dont l'aspect change deux fois chaque année : arides et nus comme le Sahara pendant la saison sèche, verdoyants comme les steppes de l'Asie centrale et inondés comme les pampas pendant la saison des pluies.

VINGT-QUATRIÈME LEÇON.

IV

Fleuves et rivières.

L'Amérique du Sud est, comme nous l'avons dit plus haut, partagée en deux versants par la chaîne des Andes. Celui de l'ouest (*océan Pacifique*) n'est arrosé que par des torrents ; celui de l'est (*océan Atlantique*) se subdivise en cinq grands bassins fluviaux :

1° **La Magdalena.** — Dans la mer des Antilles se jette la *Magdalena*, dont la vallée étroite et sauvage est enfermée entre la chaîne centrale et la chaîne orientale des Andes de la Nouvelle-Grenade.

2° **Orénoque.** — Des montagnes de la Parime descend l'*Orénoque* (2,300 kilomètres de cours), qui franchit par des rapides le rebord de ce plateau, reçoit à gauche les eaux de la Cordillère orientale de la Nouvelle-Grenade par de grands affluents à peu près inexplorés, et se jette dans l'Atlantique en face de l'île de la Trinité, en formant un vaste delta boisé et sillonné de mille canaux.

3° **Fleuve des Amazones.**— Le fleuve des Amazones sort des Andes du Pérou, à une élévation de plus de 4,000 mètres, et, sous les noms d'*Apurimac* et d'*Ucayale*, se dirige vers le nord, resserré entre la double chaîne des Cordillères dans une vallée obstruée de rochers que le fleuve franchit par une série de rapides et de cataractes. A partir de son confluent (rive gauche) avec le *Maragnon*, qui descend du plateau de Pasco (Pérou), il se détourne vers l'est et entre, sous le nom

AMÉRIQUE
MÉRIDIONALE
Géographie Physique et Politique
Petites Antilles
VENEZUELA
Equateur
EQUATEUR
CONFÉDÉRATION ARGENTINE
PATAGONIE
URUGUAY
Buenos Ayres
Montevideo
Rio de la Plata
Détroit de Magellan

Carte XIII.

de fleuve des Amazones, dans la plaine boisée qu'il traverse jusqu'à l'Océan. Le canal principal est partout large de 2,500 mètres à 16 kilomètres; mais de la masse du fleuve se détachent des branches latérales qui serpentent sous le couvert de la forêt en coupant les affluents, se répandent parfois en vastes lagunes, et reçoivent des Indiens le nom de *sentiers des canots*.

L'Amazone n'a pas de delta, et son embouchure, au nord de l'île de Marajo, est un golfe large de 300 kilomètres qui a ses marées comme l'océan, et où se fait sentir jusqu'à 120 kilomètres dans l'intérieur l'influence de cet imposant et terrible phénomène, connu sous le nom de *Prororoca*, immense ras (1) de marée produit par la lutte de l'océan contre le fleuve qu'il refoule en rongeant et en dévastant ses rivages. La longueur totale de l'Amazone serait de près de 7,000 kilomètres, en calculant tous les détours, et de 5,000 si on ne tient compte que des principaux. Le fleuve reçoit près de quatre cents affluents, les uns d'*eau blanche* et les autres d'*eau noire*; la couleur de ces derniers est attribuée aux matières végétales et surtout aux résines qu'ils contiennent en dissolution, et qui proviennent des forêts de cèdres et de pins situées sur leurs bords. Les plus importants, qui ont tous de 2,500 à 4,000 kilomètres, sont : à droite, le *Purus*, *la Madeira*, qui a son origine sur le haut plateau de Bolivie et franchit par une suite de rapides les terrasses inférieures du plateau brésilien, le *Topayos*, le *Chingou* et le *Tocantins* ou *Rivière de Para*, qui se confond avec l'Amazone au nord de l'île Marajo; à gauche, le *Napo*, le *Yapura* qui naissent sur le versant oriental des Andes, et le *Rio-Negro* qui serpente sur le même plateau que l'Orénoque et qu'un canal naturel, le *Rio-Cassiquiari*, réunit à ce fleuve. Du reste, plusieurs des affluents de l'Amazone communiquent de même, soit entre eux, soit avec le grand fleuve par des branches latérales, navigables dans la saison des crues, et qui couvrent d'un vaste réseau toute la plaine centrale de l'Amérique du Sud.

4° Le **San Francisco** (2,900 kilomètres), naît sur les hauts plateaux du Brésil et en franchit le rebord à 300 kilomètres de son embouchure, par trois chutes consécutives, dont la dernière a 60 mètres de hauteur.

(1) On appelle *ras* de marée le soulèvement des eaux à la rencontre de deux courants ou de deux marées qui viennent en sens inverse.

5° Le **Rio de la Plata**, est moins un fleuve qu'un vaste estuaire formé par la réunion de l'*Uruguay* et du *Parana* qui descend du revers méridional du plateau du Brésil et reçoit lui-même à droite le *Paraguay*, sorti des plateaux de Parexis et grossi du *Pilcomayo* qui prend sa source dans les Andes de Bolivie.

Au sud de l'embouchure du Rio de la Plata, se jettent dans l'Atlantique le *Rio Colorado* et le *Rio Negro* qui sortent des grands lacs situés sur le versant oriental des Andes.

Population : — La population de l'Amérique du Sud ne dépasse pas 28 à 29 millions d'habitants.

1° Les descendants des races indigènes, *Quichas*, *Guaranis* ou *Toupis*, *Araucans* (Chili), *Patagons*, etc., les uns errants dans les forêts et les pampas, les autres civilisés et mêlés aux races européennes forment encore le fond de la population.

2° Les blancs d'origine espagnole ou portugaise, bien qu'en minorité, ont imposé aux races conquises leur langage et leur croyance religieuse, le catholicisme.

3° Enfin l'esclavage a acclimaté sur le sol américain, surtout au Brésil, quelques millions de nègres dont le mélange avec les races indigènes ou européennes a produit de nombreux mulâtres.

RÉSUMÉ.

XXII

BORNES. L'Amérique du Sud est bornée au nord par l'Amérique centrale et la mer des Antilles, à l'est et au sud par l'océan Atlantique, à l'ouest par l'océan Pacifique qui forme le golfe de Panama. Sa superficie est de 18 millions de kilomètres carrés.

Le principal DÉTROIT est, entre l'océan Atlantique et l'océan Pacifique, au sud de l'Amérique, le *détroit de Magellan*.

Les principales ILES sont, dans l'*océan Atlantique*, les Iles Falkland, la Terre de Feu, l'Archipel Magellanique :

Dans l'*océan Pacifique*, les îles de la Mère de Dieu, Chiloé.

Les principaux CAPS sont le cap Saint-Roch (pointe orientale de l'Amérique du Sud), le cap Horn (pointe méridionale de l'Amérique du Sud).

XXIII

VERSANTS. *Chaînes de montagnes.* L'Amérique du Sud est divisée en deux versants : à l'ouest celui du Pacifique, à l'est celui de l'Atlantique par la *Cordillère des Andes* depuis l'isthme de Panama jusqu'au cap *Horn*.

La Cordillère qui porte successivement les noms d'*Andes de la Nouvelle-Grenade*, de l'*Equateur*, du *Pérou* et du *Chili*, est un énorme plateau dominé par des cimes volcaniques (*Antisana, Cotopaxi, Chimborazo, Pichincha*) et par des montagnes neigeuses dont les plus élevées dépassent 6,500 mètres (Pics d'*Ilimani* et de *Sorata*, volcan *Aconcagua*, etc.).

Le plateau des Andes s'abaisse brusquement vers l'océan Pacifique; mais dans le versant de l'Atlantique s'étendent d'immenses plaines, élevées, comme le *plateau du Brésil*, ou basses, comme les *llanos de la Colombie*, la région boisée de l'*Amazone* (Brésil) et les *pampas de la Plata*.

XXIV

Les principaux FLEUVES sont dans le versant de la MER DES ANTILLES. La *Magdalena* (Colombie).

Dans le versant de l'OCÉAN ATLANTIQUE. L'*Orénoque* (Colombie).

Le fleuve des Amazones (7,000 kilomètres) (Pérou, Equateur, Brésil), grossi à droite du Purus, de la Madeira, du Chingou, du Tocantins, à gauche du Maragnon et du Rio Negro qui communique avec l'Orénoque par le Rio Cassiquiari.

Le *San-Francisco*, Brésil.

Le Rio de la Plata (Brésil et Confédération Argentine) formé de l'Uruguay et du Parana, grossi du Paraguay.

Le principal LAC est le *Titicaca* dans les Andes (Bolivie et Pérou).

CLIMAT. Le climat est chaud sur le littoral du Pacifique et de l'Atlantique, dans les llanos de la Colombie, les plaines de l'Amazone (région des palmiers, des bois de teinture et des plantes tropicales, cacao, café, canne à sucre, coton; du jaguar, des singes, des tapirs, des serpents boas, des caïmans); tempéré dans les pampas de la Plata (région de l'autruche, des moutons, des chevaux, des bœufs), sur les hauts plateaux du Brésil, dans les vallées élevées des Andes (région du quinquina et des cultures européennes) et dans le Chili (région du froment et de la vigne); froid dans la Patagonie et sur les plateaux les plus élevés des Andes (région du lama, de la vigogne et du condor).

POPULATION. 29 millions de blancs (d'origine espagnole et portugaise), de nègres et d'indiens.

Questionnaire.

I. — Quelles sont les bornes de l'Amérique du Sud? — Indiquer les longitudes et latitudes extrêmes. — Quelles en sont les grandes divisions? Quelle est la forme du continent? Quelles sont les mers qui le baignent? — Quels sont les principaux golfes, les principaux caps, les groupes d'îles les plus importants? — Où est situé le détroit de Magellan? — Quelle est l'origine de ce nom? — Quel est l'aspect du littoral de l'océan Pacifiqu , de la mer des Antilles, de l'océan Atlantique?

II. — Quelle est la plus grande chaîne de montagnes de l'Amérique du Sud? — Quel est l'aspect de la Cordillère des Andes? — Quelle y est, sous l'Équateur, la limite des neiges éternelles? — Qu'entend-on par quebradas? — Quels sont les végétaux et les animaux caractéristiques des diverses régions des Andes? — Quelles sont les principales divisions de la chaîne? — Indiquer les sommets les plus élevés, les principaux volcans. — Quelle est la partie la moins élevée de la chaîne dans l'Amérique du Sud? — Existe-t-il des lacs dans les Andes? Quel est le plus connu?

Existe-t-il dans l'Amérique du Sud d'autres chaînes de montagnes que les Cordillères des Andes? Indiquer les plus importantes. — Quels sont les plateaux les plus vastes de l'Amérique du Sud? — Quels sont les pays de plaines basses? — Qu'entend-on par llanos, savanes, pampas? — Toutes les plaines du continent offrent-elles la même physionomie? — Quel est le caractère particulier de la plaine basse de l'Amazone? — Quels sont les traits caractéristiques des forêts vierges du Nouveau-Monde?

III. — Quels sont les deux grands versants de l'Amérique du Sud? — Indiquer les principaux fleuves.—Décrire le cours de l'Orénoque, du fleuve des Amazones. Ce fleuve a-t-il un delta? — Quel est l'aspect du fleuve à son embouchure? — Quels sont les principaux affluents du fleuve des Amazones? — Qu'entend-on par eaux noires? — Quelle est la cause probable de ce phénomène? — Décrire le cours du San-Francisco, le système du Rio de la Plata. — Quel est le plus grand fleuve de l'Amérique du Sud?

Quelles sont les causes principales de la diversité des climats dans l'Amérique du Sud? — Quel est le climat des plaines basses? Quels en sont les végétaux et les animaux caractéristiques? — Quelles en sont les cultures les plus importantes? — Quel est le climat des hautes vallées et des plateaux qui ne dépassent pas 2,500 à 3,000 mètres? — Les cultures, les arbres et les animaux sont-ils les mêmes que dans la région des basses plaines? — Quel est le climat des hauts plateaux? — Quels sont les animaux indigènes qui les habitent? — Quelles sont les principales richesses minérales du continent? — Quelle en est la population? A quelles races appartient-elle? — Quelle est l'origine de la plupart des habitants de race blanche?

Exercices.

Tracer la carte physique de l'Amérique du Sud.

Tracer le profil du continent en tirant une ligne droite depuis le cap Saint-Roch jusqu'à l'océan Pacifique. (*Voir la carte en relief de l'Amérique du Sud, par MM. Pigeonneau et Drivet.*)

CHAPITRE IV

GÉOGRAPHIE POLITIQUE DE L'AMÉRIQUE DU SUD.

VINGT-CINQUIÈME LEÇON.

I

Région du nord.

La **Colombie,** ancienne possession espagnole, comme tout le reste de l'Amérique du Sud, sauf le Brésil, est divisée aujourd'hui en trois Etats. — 1° *République de la* **Nouvelle-Grenade** ou Etats-Unis de Colombie, entre le Costa Rica et la mer des Antilles au nord, le Vénézuéla à l'est, la république de l'Equateur au sud, l'océan Pacifique à l'ouest. Capitale, *Santa-Fé de Bogota* dans la vallée de la Magdalena : Villes principales, *Carthagène* et *Colon*, sur la mer des Antilles, *Panama* sur le Pacifique, rattaché à Colon par un chemin de fer, la route la plus courte et la plus fréquentée qui franchisse l'isthme de l'Amérique centrale. (3,000,000 Indiens, métis et créoles espagnols, presque tous catholiques.)

2° La **République de l'Equateur,** entre le Pacifique à l'ouest, la Nouvelle-Grenade au nord, le Brésil à l'est, le Pérou au sud. Capitale, *Quito*, dans une riante vallée, au pied des volcans Pichincha et Cotopaxi : port principal, *Guayaquil* sur l'océan Pacifique (1,300,000 habitants, indiens, métis et créoles espagnols, presque tous catholiques).

3° La **République de Vénézuéla,** entre la mer des Antilles et l'Atlantique au nord, les Guyanes à l'est, le Brésil au sud, la Nouvelle-Grenade à l'ouest. Capitale, *Caracas ;* villes principales, la *Guayra*, port de Caracas, *Maracaibo*, sur la mer des Antilles et *Bolivar* sur l'Orénoque (1,800,000 créoles espagnols, métis, nègres et indiens, catholiques).

Les **Guyanes,** entre les bouches de l'Orénoque et celles du fleuve des Amazones sont divisées en *Guyane anglaise*, capitale, *Georgetown ; Guyane hollandaise*, capitale, *Paramaribo ; Guyane française*, capitale, *Cayenne*.

La région septentrionale de l'Amérique du Sud dont le climat brûlant, sauf sur les plateaux, est en général insalubre sur la côte, produit surtout le cacao, le café, la canne à sucre, le tabac, les épices, et les bois de teinture ou d'ébénisterie.

II

Région du nord-est.

L'**Empire constitutionnel du Brésil**, ancienne colonie portugaise, situé entre l'Atlantique à l'est, l'Uruguay et le Paraguay au sud, la Confédération argentine, la Bolivie et le Pérou à l'ouest, le Vénézuéla et les Guyanes au nord, a pour capitale *Rio-Janeiro* (280,000 habitants), sur l'océan Atlantique, bâti en amphithéâtre au bord d'une baie admirable, entourée de villas, de jardins, de bois de palmiers et d'orangers.

Les villes principales sont : *Para* ou *Belem*, à l'embouchure du Tocantins, *Maragnan*, *Pernambouc*, *Bahia* ou *San Salvador*, *Rio grande du Sud*, ports sur l'Atlantique. La population est de 10 millions d'habitants, créoles portugais, émigrants français et allemands, nègres, métis et indiens à demi civilisés ou encore sauvages, presque tous catholiques.

Ce vaste empire, arrosé par le San Francisco, le fleuve des Amazones et ses affluents, le cours supérieur de l'Uruguay, du Parana et du Paraguay, produit en abondance le sucre, le café, le cacao, le coton, le manioc, les bois de toute espèce, le caoutchouc, nourrit d'innombrables troupeaux de chevaux et de bœufs, et exploite des gisements de diamants.

VINGT-SIXIÈME LEÇON.

III

Région du sud-est.

1° La **République du Paraguay**, située entre le Brésil, dont elle est séparée par le Parana, et la Confédération argentine, dont elle est séparée par le Paraguay, a pour capitale *Assomption*, sur le Paraguay (moins de 500,000 habitants, Indiens, métis et créoles espagnols).

2° La **République de l'Uruguay**, entre l'Atlantique à l'est, le Brésil au nord, la Confédération argentine à l'ouest, le Rio de la Plata au sud, a pour capitale *Montevideo*, sur l'Atlantique, à l'embouchure du Rio de la Plata. La population totale est de 450,000 habitants, dont 160,000 émigrants français, italiens et anglais.

3° La **Confédération argentine** ou **République de la Plata,** entre la Bolivie au nord, le Chili à l'ouest, la Patagonie au sud, l'Atlantique, l'Uruguay, le Brésil et le Paraguay à l'est, a pour capitale *Buenos-Ayres*, sur le Rio de la Plata, la seconde ville de l'Amérique du Sud (200,000 habitants).

Les villes principales sont : *Santa-Fé*, sur le Parana, *Cordova* et *Tucuman*, sur la lisière des pampas et de la région des plateaux, qui montent vers les Andes (2,000,000 d'habitants, créoles espagnols, émigrants européens, et indiens, presque tous catholiques).

Les Etats du bassin de la Plata avec leurs immenses pampas semblent faits surtout pour l'éducation du bétail ; aussi leur principal commerce est-il celui des laines et des peaux de bœufs, de chevaux et de moutons.

4° La **Patagonie,** région inculte, qui commence au sud du Rio-Negro, est parcourue par des Indiens nomades, cavaliers intrépides et habiles chasseurs. La *Terre de Feu* et l'archipel *Magellanique* sont à peine habités par quelques tribus qui vivent de pêche et de chasse.

5° Les **Iles Falkland,** dans l'Atlantique, appartiennent à l'Angleterre.

IV

Région du sud-ouest et de l'ouest.

1° La **République du Chili,** entre l'océan Pacifique au sud et à l'ouest, les Andes à l'est, la Bolivie au nord, a pour capitale *Santiago*, au pied des Andes, dans une région volcanique; pour ports principaux, *Valparaiso* et *Valdivia*, sur l'océan Pacifique. Le Chili a colonisé l'île Chiloé, une partie de la Patagonie occidentale, et a même fondé des établissements sur les bords du détroit de Magellan. La population est de 2 millions d'habitants, créoles espagnols, émigrants européens et indiens *Araucans*. La grande majorité de la population est catholique. Les principales richesses du pays sont les céréales, la vigne, et surtout les mines de cuivre et d'argent.

2° La **République de Bolivie,** entre le Brésil au nord et à l'est, la Confédération argentine et le Chili au sud, l'océan Pacifique et le Pérou à l'ouest, est un vaste plateau dominé par les cimes les plus élevées des Andes et arrosé par le cours supérieur des affluents de la Madeira et du Paraguay. Elle a pour capitale *La Paz;* pour villes principales, *Cochabamba, Sucre* ou *Chuquisaca* et *Potosi,* sur les hauts plateaux, dans une région froide, mais célèbre par ses mines d'argent : (2 millions d'habitants, dont 600,000 Indiens purs). L'exploitation des mines d'argent, de cuivre, d'étain, l'élevage du mouton et du lama, l'exploitation du quinquina, sont les principales ressources de la Bolivie.

3° La **République du Pérou**, entre la Bolivie et le Brésil à l'est, la Bolivie au sud, l'océan Pacifique à l'ouest, l'Equateur au nord, a pour capitale *Lima,* avec ses larges rues, ses maisons d'un étage construites en pierre de taille, ses vastes promenades et son doux climat; pour villes principales, *Callao, Islay,* ports sur l'océan Pacifique, *Aréquipa,* sur le versant occidental des Andes, *Cuzco,* sur les plateaux, le berceau de l'antique civilisation péruvienne, et *Puño,* sur le lac Titicaca. La population est de plus de 2 millions et demi d'habitants, créoles espagnols, métis et indiens, catholiques. Les mines d'or et d'argent, les gisements de guano et de nitrate de soude, les laines de lama, le quinquina, la culture du coton, de la canne à sucre, etc., font du Pérou l'une des plus riches contrées du Nouveau-Monde.

RÉSUMÉ.

XXV

Région du nord.

La COLOMBIE est divisée en trois Etats :

1° *République fédérale de la* NOUVELLE-GRENADE ou Etats-Unis de Colombie entre l'Amérique centrale et la mer des Antilles au nord, le Vénézuéla à l'est, la république de l'Equateur au sud et l'océan Pacifique à l'ouest.

Capitale : Santa-Fé de Bogota.

Villes principales : Carthagène et Colon, sur la mer des Antilles, Panama sur le Pacifique.

Population : 3,000,000 d'Indiens et créoles espagnols.

2° RÉPUBLIQUE DE L'EQUATEUR bornée au nord par la Nouvelle-Grenade et le Vénézuéla, à l'est par le Brésil, au sud par le Pérou, à l'ouest par l'océan Pacifique.

Capitale : Quito.

Port principal : Guayaquil.

Population : 1,300,000 habitants, Indiens et créoles espagnols.

3° RÉPUBLIQUE DE VÉNÉZUÉLA bornée au nord par la mer des Antilles, à l'ouest par la Nouvelle-Grenade, au sud par le Brésil, à l'est par les Guyanes.

Capitale : Caracas.

Population : 1,800,000 créoles espagnols, nègres et indiens.

Les GUYANES, entre les bouches de l'Orénoque et celles du fleuve des Amazones, sont divisées en *Guyane anglaise*, *Guyane hollandaise*, *Guyane française*, cap. Cayenne.

Région de l'est.

L'EMPIRE CONSTITUTIONNEL DU BRÉSIL, ancienne colonie portugaise, est borné à l'est par l'océan Atlantique, au sud par l'Uruguay et la Confédération argentine, à l'ouest par le Paraguay, la Bolivie et le Pérou, au nord par l'Equateur, le Vénézuéla et les Guyanes.

Capitale : Rio Janeiro (280,000 hab.) sur l'Atlantique.

Villes principales : Para, Pernambouc, Bahia, ports sur l'Atlantique.

Population : 10 millions d'habitants, créoles portugais, émigrants européens, nègres, indiens et métis.

XXVI

Région du sud.

La RÉPUBLIQUE DU PARAGUAY entre le Brésil à l'est et au nord, la Confédération argentine au sud et à l'ouest, a pour *capitale* : Assomption, sur le Paraguay.

Population : 500,000 habitants, Indiens, métis et créoles espagnols.

La RÉPUBLIQUE DE L'URUGUAY entre le Brésil au nord, la Confédération argentine à l'ouest, l'Atlantique au sud et à l'est, a pour *capitale* : Montévidéo, sur l'Atlantique.

Population : 450,000 habitants, dont 160,000 émigrants européens.

La CONFÉDÉRATION ARGENTINE OU RÉPUBLIQUE DE LA PLATA entre l'Atlantique, l'Uruguay, le Brésil, le Paraguay à l'est, la Patagonie au sud, le Chili à l'ouest et la Bolivie au nord, a pour *capitale* : Buenos-Ayres (200,000 hab.), sur le Rio de la Plata.

Population : 2,000,000 d'habitants, créoles espagnols, émigrants européens et indiens.

La Patagonie entre le Chili à l'ouest, l'Atlantique à l'est et au sud, la Confédération argentine au nord, est une région inculte parcourue par des Indiens nomades.

Les Iles Falkland, dans l'Atlantique, sont une *colonie anglaise*.

Région de l'ouest.

La République du Chili entre l'Atlantique à l'ouest et la Confédération argentine à l'est, a pour *capitale* : Santiago; pour *port principal* : Valparaiso.

Population : 2,000,000 d'habitants, créoles espagnols, émigrants européens et indiens.

La République de Bolivie entre le Brésil au nord et à l'est, la Confédération argentine et le Chili au sud, l'océan Atlantique et le Pérou à l'ouest, a pour *capitale* : La Paz; pour *villes principales*, Potosi et Sucre.

Population : 2,000,000 habitants, dont 600,000 Indiens.

La République du Pérou entre le Brésil à l'est, la Bolivie au sud-est, l'océan Pacifique à l'ouest, la République de l'Equateur au nord, a pour *capitale* : Lima; pour *villes principales*, le port de Callao et les villes d'Aréquipa et de Cuzco.

Population : 2,500,000 habitants, créoles espagnols et indiens.

Colonies et Possessions européennes dans les deux Amériques.

Amérique du Nord. Aux *Anglais* : la Nouvelle-Bretagne, les Bermudes, les Lucayes, la Jamaïque, les Petites-Antilles, en partie; Bélize (Amérique centrale). — Aux *Français* : la Guadeloupe, la Martinique, la Désirade, Marie-Galante, les Saintes (Antilles), Saint-Pierre et Miquelon. — Aux *Espagnols* : Cuba, Porto-Rico. — Aux *Hollandais* : Curaçao, Saba, Saint-Eustache. — Aux *Danois* : Saint-Thomas, Sainte-Croix, Saint-Jean.

Amérique du Sud. Aux *Anglais* : Guyane anglaise, îles Falkland. — Aux *Français* : Guyane française. — Aux *Hollandais* : Guyane hollandaise.

Questionnaire.

Quelles sont les bornes du (indiquer le nom de la contrée)? — Rappeler, s'il y a lieu, les principales chaînes de montagnes, les fleuves, les îles les plus importantes. — Quel est l'aspect du pays (plateau, région de plaines ou de montagnes)? — Quelle est la capitale? — Quelles sont les principales villes (particulièrement les ports)? — Quel est le climat? — Quelles sont les productions les plus importantes? — Exploite-t-on les métaux précieux? — Quel est le chiffre de la population? — Quelles sont les races, les langues et la religion dominantes?

Quelles sont les colonies européennes dans les deux Amériques?

Exercices.

Tracer la carte physique et politique du Brésil, de la Colombie.

Indiquer, sur une carte générale de l'Amérique du Sud, les limites des principaux États, la position des villes les plus importantes.

CHAPITRE V

OCÉANIE.

VINGT-SEPTIÈME LEÇON.

Le nom d'**Océanie** s'étend aux nombreux archipels disséminés dans l'océan Pacifique, entre l'Amérique et l'Asie, et au continent de l'**Australie** ou Nouvelle-Hollande.

La superficie totale de l'Océanie est d'environ 11 millions de kilomètres carrés, et la population de 36 millions d'habitants.

I

Les géographes l'ont divisée en trois régions (1) en prenant pour base la diversité des races qui l'habitent : au nord-ouest la **Malaisie** ou **Archipel Asiatique,** où dominent les Malais, race au teint cuivré, aux longs cheveux noirs, aux pommettes saillantes; énergique, intelligente, mais indomptable, et dont les pirateries infestent encore les mers de l'ex-

(1) Beaucoup de géographes ont admis une quatrième division, la *Micronésie* (région des petites îles), entre la Malaisie à l'ouest, la Polynésie à l'est, et la Mélanésie au sud; mais cette division, qui ne repose ni sur le caractère du sol ni sur la diversité des races, commence à être abandonnée.

trême orient. La religion musulmane est la plus répandue parmi les indigènes de la Malaisie.

Cette région, chaude et volcanique, inondée pendant plusieurs mois par les pluies des tropiques, mais fertile et qui produit en abondance le café, le sucre, le tabac, le poivre, les épices, le riz, le coton, l'indigo, le camphre, le caoutchouc, les bois de toute espèce, semble par la nature du sol, par sa végétation, par ses animaux se rattacher à l'Asie. On y retrouve le palmier, le cocotier et le bambou ; le rhinocéros, l'éléphant, l'hippopotame, le buffle, le tigre, le crocodile ; l'orang-outang lui-même, qu'on ne rencontre plus guère que dans les forêts de l'archipel asiatique, était autrefois assez commun dans l'Inde et en Cochinchine.

Fig. XXXIX. — L'orang-outang (1 mètre à 1m,20 de hauteur).

La Malaisie comprend : 1° les **Iles de la Sonde**, **Java**, capitale *Batavia* (70,000 hab.), le chef-lieu des possessions hollandaises en Océanie, v. pr. *Sourabaya* ; **Sumatra,** grande île séparée de Java par le détroit de la *Sonde* et de la presqu'île de Malacca par le détroit de *Malacca*, **Banca,** avec ses mines d'étain ; l'archipel de **Sumbawa, Timor** et **Florès**, à l'est de Java ; l'archipel des **Moluques**, ou îles aux épices ; l'île **Célèbes**, séparée de Bornéo par le détroit de *Macassar* ; l'île de **Bornéo**, la plus vaste de l'Océanie, montagneuse dans l'intérieur, marécageuse sur les côtes, riche en mines d'or et de diamants. Toutes ces îles appartiennent aux Hollandais, sauf le nord de Bornéo encore indépendant, et quelques comptoirs européens (l'île *Labouan* aux Anglais, au nord-ouest de Bornéo, et une partie de l'île *Timor* aux Portugais). (Population totale 25 millions d'habitants.)

2° Les îles **Philippines**, capitale *Manille*, dans l'île de Luçon, qui appartiennent aux Espagnols (4 à 6 millions d'habitants).

II

Polynésie.

A l'est et au nord-est de l'Océanie s'étend la **Polynésie** (région des îles nombreuses) occupée par des populations au teint basané, aux traits presque européens, aux proportions régulières, parlant des dialectes qui trahissent une origine commune. La souche de ces populations paraît être une race établie originairement dans l'Archipel Asiatique et dont les émigrations favorisées par les courants de l'océan Pacifique se seraient étendues lentement sur toute la région des petits Archipels. A l'exception de ceux qui ont été convertis par les missionnaires protestants ou catholiques, les Polynésiens, bien qu'ils aient l'idée d'un dieu suprême, sont encore sous le joug des superstitions les plus bizarres et parfois les plus cruelles.

Presque toutes les îles de la Polynésie doivent leur existence soit à des soulèvements volcaniques, soit au travail d'animaux marins de la même nature que ceux qui produisent le corail, et qui finissent par élever de véritables bancs où s'entassent des coquillages, du sable, où les vagues apportent des graines, où la végétation se développe peu à peu et couvre de verdure et d'ombrage ces âpres récifs de corail.

Parmi les nombreux archipels de la Polynésie les plus importants sont :

Au sud : la **Nouvelle-Zélande,** possession anglaise, au climat salubre et tempéré, composée de deux grandes îles séparées par le détroit de Cook, traversées par une chaîne de montagnes volcaniques, et riches en forêts, en pâturages et en mines d'or comme l'Australie. Les principales villes sont *Wellington* et *Auckland,* dans l'île septentrionale, et *Dunedin* dans l'île méridionale.

La population coloniale est d'environ 280,000 habitants,

et la population indigène qui porte le nom de *Maoris* ne dépasse pas 45,000 individus.

Au centre : les archipels de **Taïti**, des îles *Marquises, Tuamotou*, *Gambier*, possessions françaises.

A l'ouest : les îles **Carolines** et **Mariannes**, possessions espagnoles, les petits archipels de *Gilbert*, d'*Anson*, de *Marshall*, qui doivent leur nom à leurs premiers explorateurs ; les îles de Bougainville ou *Hamoa*, et les îles des Amis ou *Tonga*.

Au nord : l'archipel volcanique des îles **Sandwich** ou *Haouai*, capitale *Honoloulou*, indépendant et civilisé par les missionnaires anglais et américains.

Ce fut dans une lutte avec les indigènes des îles Sandwich que périt le capitaine Cook, un des plus illustres explorateurs de l'Océanie.

III

VINGT-HUITIÈME LEÇON.

A l'ouest, la **Mélanésie** (îles des noirs) est habitée par des peuples de race noire, les uns à cheveux lisses (Australiens), les autres à cheveux laineux (Papous), inférieurs aux Malais, livrés aux grossières superstitions du fétichisme, mais dont les récits des anciens voyageurs semblent avoir exagéré la laideur physique et l'abrutissement, race condamnée du reste à disparaître devant l'invasion européenne. Les principaux navigateurs qui ont fait connaître les terres de la Mélanésie sont au XVIIe siècle les anglais Tasman et Dampier, au XVIIIe les français Bougainville et la Pérouse et le capitaine Cook, l'un des plus intrépides marins de l'Angleterre.

Possessions anglaises. — La terre la plus importante de la Mélanésie est le vaste continent de l'**Australie** (plus de 7 millions et demi de kilomètres carrés), entouré au nord, à l'est et au sud-est par l'océan Pacifique, qui forme sur la côte septentrionale le golfe de *Carpentarie*, à l'ouest et au sud-ouest par l'océan Indien. Sablonneux, aride, couvert de steppes, de forêts ou de broussailles dans sa partie centrale, où on ne trouve ni cours d'eau, ni lacs permanents, mais seulement des lagunes desséchées pendant une partie de l'année comme les lacs *Torrens*, *Eyre*, *Amédée*, etc., ce continent est arrosé au sud-est, à l'est et au nord-est par de grands cours d'eau (*Murray* et son affluent le *Darling*), qui descendent des

Alpes Australiennes ou *Montagnes Bleues*. Malgré les explorations d'Eyre, de Burke, de Leichardt, de Mac-Douall Stuart et de Warburton, l'intérieur est encore peu connu.

L'Australie est un monde à part. La végétation avec ses fougères gigantesques semblables à celles dont on retrouve l'empreinte dans les blocs de houille, ses eucalyptus hauts de 150 mètres, ses fourrés de plantes épineuses; les races animales avec leurs formes étranges et comme inachevées (kangourous, écureuils volants, ornithorynques, etc.), l'homme

Fig. XL. — Kangourou ($1^m,50$ à 2 mètres de hauteur).

même avec sa barbarie toute primitive, offrent un type profondément distinct qui devait être plus frappant encore avant qu'il n'eût été altéré par le mélange des races polynésiennes et par l'invasion de la civilisation européenne.

L'Australie appartient tout entière à l'Angleterre qui l'a divisée en six provinces. Les principales villes sont les ports de *Sidney* autrefois colonie pénitentiaire (côte orientale, Nouvelle-Galles du Sud), et de *Melbourne* (200,000 habitants, côte méridionale, province de Victoria), au centre d'une région riche en mines de houille, d'or, d'argent, de cuivre, en céréales, et en magnifiques pâturages qui nourrissent de nombreux troupeaux de moutons.

Carte XIV.

La population coloniale est d'environ 1,700,000 habitants. L'Australie a déjà un réseau de routes, de chemins de fer et de télégraphie électrique assez développé.

L'île de **Tasmanie** (cap. *Hobart-town*), située au sud de l'Australie, dont elle est séparée par le détroit de *Bass*, appartient également aux Anglais.

Les îles *Fidji* ou *Viti*, au nord-est de la Nouvelle-Calédonie, ont été récemment occupées par l'Angleterre.

Possessions françaises. — La France possède dans la Mélanésie l'île des *Pins* et la **Nouvelle-Calédonie**, capitale *Nouméa*, colonie pénitentiaire.

Archipels indépendants. — La Mélanésie, bien qu'en partie occupée par les Européens, compte encore des terres indépendantes, presque toutes situées au nord et au nord-est du continent australien.

Les principales sont, au nord de l'Australie la **Nouvelle-Guinée** ou terre des Papous, île montagneuse aussi vaste que Bornéo, séparée de l'Australie par le détroit de Torrès, et dont l'intérieur est inconnu, bien que les Hollandais aient des établissements sur la côte occidentale; au nord de la Nouvelle-Calédonie, les *Nouvelles-Hébrides*, l'archipel *Salomon*, et l'archipel de *Santa-Cruz*, célèbre par le naufrage du navigateur français *La Pérouse* (1788).

Ces îles sont, pour la plupart, des terres d'origine volcanique, entourées de récifs de corail qui leur servent de base, et habitées par des populations issues du mélange des noirs océaniens avec les Polynésiens.

IV

Terres australes.

Au sud de l'Océanie, de l'Amérique et de l'Afrique, au delà du 60e degré de latitude méridionale, s'étend l'*océan Glacial antarctique*, couvert de glaces fixes ou flottantes, et qui baigne des terres désertes, imparfaitement reconnues par les navigateurs qui ont osé se hasarder dans les solitudes des mers australes : les Anglais *Cook* (XVIIIe siècle), et *Ross* (XIXe siècle), le Français *Dumont-d'Urville* (XIXe siècle), etc.

RÉSUMÉ.

Océanie.

XXVII

Divisions. L'Océanie s'étend dans l'océan Pacifique entre l'Amérique à l'est et l'Asie à l'ouest.

Elle se divise d'après les races :

1° En *Malaisie*, au nord-ouest (race malaise, *Religion* musulmane) ;

2° *Polynésie*, à l'est et au nord-est (race basanée, fétichiste).

3° *Mélanésie*, au sud-ouest (race noire, fétichiste) ;

Malaisie. La Malaisie comprend :

1° Les *Possessions hollandaises* : Archipel de la Sonde (Sumatra, Java. Cap. *Batavia*, Banca) ; Sumbava, Timor et Florès. Archipel des Moluques. Ile Célèbes. Ile Bornéo, la plus grande de la Malaisie, en partie indépendante.

Population totale : 25 millions d'habitants.

2° Les *Possessions espagnoles* : Iles Philippines. *Capitale*, Manille.

Population : 5 millions d'habitants.

Polynésie. La Polynésie comprend :

1° Au sud-ouest une *colonie anglaise*, la Nouvelle-Zélande, composée de deux îles séparées par le détroit de Cook. Villes principales Wellington et Auckland (280,000 colons).

2° Au centre, les *Possessions françaises* : Iles Marquises, Taïti, îles Tuamotou.

3° Au nord-ouest, les *Possessions espagnoles* : Iles Carolines et Mariannes.

4° Les *Archipels indépendants*, dont les principaux sont : ceux des îles Sandwich au nord, des îles Tonga et Hamoa à l'ouest.

XXVIII

Mélanésie. La Mélanésie comprend :

1° Les *Iles indépendantes* (Nouvelle-Guinée, îles Salomon, Nouvelles-Hébrides, îles Santa-Cruz).

2° Les *Possessions françaises* : Nouvelle-Calédonie. Capitale *Nouméa*. Ile des Pins.

3° Le continent d'Australie, borné à l'ouest et au sud-ouest par l'océan Indien, au sud-est, à l'est et au nord par l'océan Pacifique (détroit de *Torrès*), est aride dans l'intérieur, bien arrosé et accidenté sur les côtes, surtout à l'est et au sud-est. Le principal fleuve est le *Murray* qui descend des *Montagnes Bleues*.

L'Australie est une possession anglaise divisée en six provinces.

Villes principales : Sidney, Melbourne.

Population : 1,700,000 Européens, 50,000 noirs indigènes.

Au sud de l'Australie, dont elle est séparée par le détroit de Bass, l'île de Tasmanie, *colonie anglaise*.

Terres australes.

Les terres situées dans l'océan Glacial antarctique et reconnues de 1772 à 1842, semblent former un continent glacé et inhabitable.

Questionnaire.

Quelle est l'origine du nom d'Océanie? Quelle est la situation de l'Océanie? Quelles en sont les grandes divisions? Pourquoi a-t-on adopté ces divisions? — Quels sont les caractères qui distinguent les diverses races océaniennes? — Quelles sont les possessions européennes en Malaisie? — Enumérer les principales îles et archipels. — Indiquer les principales productions. — Quelle est la population des établissements hollandais? — Quels sont les caractères généraux des îles polynésiennes? — Indiquer les établissements européens. — Quel est le principal archipel indépendant? — Qu'appelle-t-on Terres australes? — Quels en sont les principaux explorateurs? — Quelles sont les principales îles indépendantes de la Mélanésie? — Quelle est la plus vaste? — Quelles sont les possessions françaises? — Quelles sont les bornes de l'Australie? — Quelle en est la superficie? — Quelle est l'origine de ce nom? — Quels sont les caractères généraux du continent australien? — Indiquer quelques-uns des végétaux et des animaux caractéristiques. — Nommer les principaux fleuves, les lacs les plus importants. — Quelle est la chaîne de montagnes la plus élevée? — Indiquer les noms de quelques-uns des explorateurs. — Quelles sont les principales villes? — L'Angleterre a-t-elle d'autres possessions dans la Mélanésie? Les indiquer. — Quel est le chiffre de la population des établissements anglais? — Quelles sont les principales productions?

Exercices.

Tracer la carte des possessions hollandaises.

Tracer la carte de l'Australie.

Indiquer sur une carte muette les noms des principaux archipels de l'Océanie.

TABLE DES MATIÈRES

LIVRE I

NOTIONS GÉNÉRALES.

LIVRE II

LIVRE III

L'ANCIEN CONTINENT, MOINS L'EUROPE.

LIVRE IV

NOUVEAU CONTINENT.

TABLE DES CARTES

TABLE DES FIGURES

SAINT-CLOUD. — IMPRIMERIE DE Mme Ve EUG. BELIN.

www.ingramcontent.com/pod-product-compliance
Ingram Content Group UK Ltd.
Pitfield, Milton Keynes, MK11 3LW, UK
UKHW022104260726
13993UKWH00001B/317